Sebastian Klumpp

Kommunikationsagenturen

Sebastian Klumpp

Kommunikationsagenturen

Zur Positionierung und Abgrenzung am Markt

V D M Verlag Dr. Müller

Bibliografische Information der Deutschen Bibliothek:
Die Deutsche Bibliothek verzeichnet diese Publikation in der Deutschen
Nationalbibliografie; detaillierte bibliografische Daten sind im Internet
über <http://dnb.ddb.de> abrufbar.

Das Werk ist einschließlich aller seiner Teile urheberrechtlich geschützt.
Jede Verwertung außerhalb der engen Grenzen des Urheberrechts-
gesetzes ist ohne Zustimmung des Verlages unzulässig und strafbar.
Das gilt insbesondere für Vervielfältigungen, Übersetzungen, Mikrover-
filmungen und die Einspeicherung und Verarbeitung in elektronischen
Systemen.

Alle in diesem Buch genannten Marken und Produktnamen unterliegen
warenzeichen-, marken- oder patentrechtlichem Schutz bzw. sind
Warenzeichen oder eingetragene Warenzeichen der jeweiligen Inhaber.
Die Wiedergabe von Marken, Produktnamen, Gebrauchsnamen,
Handelsnamen, Warenbezeichnungen u.s.w. in diesem Werk berechtigt
auch ohne besondere Kennzeichnung nicht zu der Annahme, dass
solche Namen im Sinne der Warenzeichen- und
Markenschutzgesetzgebung als frei zu betrachten wären und
daher von jedermann benutzt werden dürften.

Copyright © 2006 VDM Verlag Dr. Müller e. K. und Lizenzgeber
Alle Rechte vorbehalten. Saarbrücken 2006
Kontakt: info@vdm-buchverlag.de

Coverfoto: photocase.de
Herstellung: Schaltungsdienst Lange o.H.G., Berlin

ISBN-10: 3-86550-618-6
ISBN-13: 978-3-86550-618-4

„Wer Marken führen will,
muss bei seiner eigenen anfangen."

Jean-Remy von Matt

Vorwort

Herzlicher Dank gilt den Betreuern des vorliegenden Buches, Herrn Prof. Dr. Simon Ottler und Herrn Sven Müller, für ihre Geduld und ihre engagierte Betreuung. Mein Dank gilt weiterhin, in alphabetischer Reihenfolge, Herrn Ralf Erhard, Frau Susanne Krönes, Herrn Paul Marx, Herrn Dr. Stark, Herrn Dr. Frank Zimmer. Des Weiteren möchte ich im Speziellen Herrn Wilhelm Herrmann, Geschäftsführer des Consultingunternehmens HERRMANNCONSULTING, für die tatkräftige Hilfe danken. Weiterhin danke ich im Besonderen Herrn Björn Möllers für die häufigen Diskussionen, unterstützenden Beiträge und seine motivierende Art, Frau Isabell Hauptkorn für die Korrektur und das Layout der vorliegenden Arbeit. Danken möchte ich meinen Eltern und meiner Schwester, die mir immer zur Seite gestanden haben und mich unterstützten sowie meiner Freundin Nadine Berkhahn, deren Lebensqualität in dieser Zeit nicht unbeträchtlich gelitten hat. Zusätzlich danke ich meinen Freunden, welche mir immer mit motivierenden Worten zur Seite standen.

Inhaltsverzeichnis

		Seite
Inhaltsverzeichnis		7
Abkürzungsverzeichnis		12
Abbildungsverzeichnis		14
Tabellenverzeichnis		19
1	Einleitung	21
1.1	Problemstellung	22
1.2	Struktur der Arbeit	23
2	Positionierung	25
2.1	Entwicklung des Positionierungsgedankens	27
2.2	Die Notwendigkeit einer klaren Positionierung	28
2.3	Imagepositionierung	32
3	Die Werbeagentur	35
3.1	Begriffsdefinition von „Werbung" und „Werbeagentur"	35
3.2	Entwicklungsgeschichte der Werbeagenturen in Deutschland	37
3.3	Die Werbeagentur heute	38
3.4	Der Markt der Kommunikationsagenturen	40

4	Die Positionierung von Kommunikationsagenturen	45
5	Erhebung zur Feststellung der Positionierung von Kommunikationsagenturen in Deutschland	50
5.1	Expertengespräche vor Erstellung und Durchführung der Erhebung	50
5.2	Problemrelevante Kriterien	52
5.2.1	Allgemeine Agenturdaten	52
5.2.1.1	Agenturtyp	54
5.2.1.2	Gross Income	55
5.2.1.3	Mitarbeiteranzahl/-entwicklung	55
5.2.1.4	Kundenanzahl/-struktur	56
5.2.1.5	Agenturkooperationen/-Netzwerkzugehörigkeit	56
5.2.2	Weitere Positionierungskriterien	57
5.2.2.1	Neugeschäft/Akquisition/Kundengewinnungsinstrumente	58
5.2.2.2	Eigenwerbung	60
5.2.2.3	Corporate Identity	61
5.2.2.4	Corporate Design	62
5.2.2.5	Agenturphilosophie	62
5.2.2.6	Kreativwettbewerbe	63
5.2.2.7	Vergütungsmanagement	64

Inhaltsverzeichnis

5.3	Methodenbeschreibung und Positionierungsuntersuchung	65
5.3.1	Ziel der Untersuchung	67
5.3.2	Zum Einsatz gekommene Untersuchungsmethoden	67
5.3.3	Untersuchungsdesign	68
5.3.4	Der Fragebogen	73
5.4	Die Durchführung der Erhebung	80
6	Auswertung der Erhebung	83
6.1	Allgemeine Agenturdaten	83
6.1.1	Position der Befragungsteilnehmer	84
6.1.2	Agenturtyp	85
6.1.3	PLZ-Gebiete	87
6.1.4	Altersklassen	88
6.1.5	Gesellschaftsformen	89
6.1.6	Gross-Income-Klassen	90
6.1.7	Mitarbeitergrößenklassen	91
6.1.8	Mitarbeiterentwicklung 2003-2004	92
6.1.9	Kundenanzahl/-entwicklung/-struktur/-bindung	94
6.1.9.1	Kundenanzahl	95
6.1.9.2	Kundenentwicklung	96
6.1.9.3	Kundenbindungsdauer	98
6.1.9.4	Kundenstruktur	99
6.1.9.4.1	Kundenstruktur nach Agenturtyp	100
6.1.10	Agenturkooperationen	102

6.2	Auswertung der speziellen Positionierungskriterien	105
6.2.1	Agenturtyp	105
6.2.2	Spezialisierungsformen	119
6.2.2.1	Spezialist oder Generalist	119
6.2.2.2	Branchenspezialisierung	121
6.2.2.3	B2B-Spezialisierung	125
6.2.3	Vergütungsmanagement	126
6.2.4	CI	127
6.2.5	Agenturphilosophie	128
6.2.6	Kreativwettbewerbe	130
6.2.7	Eigenwerbung	131
6.2.8	Kundengewinnungs-/Akquisitionsinstrumente	133
6.2.9	Neugeschäft	135
6.2.10	Konsequenz der Positionierung	136
6.3	Schlussfolgerung/Zusammenfassung	142
7	Ausblick und Fazit	145

Inhaltsverzeichnis 11

Literaturverzeichnis 149
Glossar 159

Anhang 165
Erstellung der Erhebung 165
Das Tool eQuestionnaire™ 165
Die Endfassung der Online-Erhebung 167
Veröffentlichung der Erhebung 185
Newsletter 185
Webseiten 188

Abkürzungsverzeichnis

B2B   Business-to-Business

B2C   Business-to-Consumer

CD   Compact Disc

CD   Corporate Design

CI   Corporate Identity

GI   Gross Income

GWA   Gesamtverband Kommunikationsagenturen GWA e. V.

HTML   Hyper Text Markup Language

IT   Informationstechnologie

k. A. Keine Angabe

PR   Public Relations/Öffentlichkeitsarbeit

PI(s) Page Impressions
POS   Point-of-Sale

Abkürzungsverzeichnis

VKF Verkaufsförderung

ZAW Zentralverband der deutschen Werbewirtschaft ZAW e. V.

Abbildungsverzeichnis

		Seite
Abb. 1:	Positionierung anhand des Kommunikationsmarktes	29
Abb. 2:	Das Online-Umfragetool eQuestionnaire™	70
Abb. 3:	Position der Befragungsteilnehmer	84
Abb. 4:	Prozentuale Verteilung der erfassten Agenturtypen	86
Abb. 5:	Verteilung nach PLZ-Gebieten der befragten Agenturen	87
Abb. 6:	Altersklassen der befragten Agenturen	88
Abb. 7:	Gesellschaftsformen	89
Abb. 8:	Gross-Income-Verteilung der befragten Agenturen, in Tsd. €	90
Abb. 9:	Mitarbeitergrößenklassen	91
Abb. 10:	Mitarbeiterentwicklung 2003-2004	92
Abb. 11:	Mitarbeiteranstellungen seit 2003	93

Abbildungsverzeichnis

Abb. 12: Mitarbeiterentlassungen seit 2003 — 93

Abb. 13: Durchschnittliche Kundenanzahl — 95

Abb. 14: Kundengewinnung seit 2003 — 96

Abb. 15: Kundenverlust seit 2003 — 97

Abb. 16: Kundenbindungsdauer — 98

Abb. 17: Kundenstruktur aller Agenturen — 99

Abb. 18: Kundenstruktur nach Agenturtyp — 101

Abb. 19: Prozentualer Anteil der Agenturen, die Kooperationen eingehen — 102

Abb. 20: Agenturkooperationen nach GI-Verteilung — 103

Abb. 21: Agenturgruppenzugehörigkeit — 104

Abb. 22: Agenturgruppenzugehörigkeit nach GI-Klassen — 104

Abb. 23: Agenturtyp eindeutig/nicht eindeutig definiert — 105

Abb. 24: Eindeutige Definition des Agenturtyps — 106

Abb. 25: Nicht eindeutige Definition des Agenturtyps	107
Abb. 26: Leistungsbereiche	108
Abb. 27: Leistungsbereich nach nicht eindeutig definiertem Agenturtypen	110
Abb. 28: Leistungsbereiche nach eindeutig definiertem Agenturtypen	111
Abb. 29: Funktionsbereiche der befragten Agenturen	113
Abb. 30: Funktionsbereiche nach nicht eindeutig definierten Agenturtypen	115
Abb. 31: Funktionsbereiche nach eindeutig definiertem Agenturtypen	116
Abb. 32: Höchster Umsatz je Funktionsbereich nach eindeutig definierten Agenturtypen	117
Abb. 33: Spezialist oder Generalist	119
Abb. 34: Begründung der Spezialisierung	120
Abb. 35: Branchenspezialisierung aller Agenturen	121

Abbildungsverzeichnis

Abb. 36: Akquisition von Neukunden unbekannter Branchen   122

Abb. 37: Prozentuale Verteilung der Branchenspezialisierung nach Branche   123

Abb. 38: Branchenspezialisierungsgrad   124

Abb. 39: B2B-Spezialisierung nach Agenturtyp   125

Abb. 40: Vergütungsmanagement der Agenturen   126

Abb. 41: Bestehen einer schriftlich dokumentierten CI (Corporate Identity)   127

Abb. 42: Bestehen einer schriftlich dokumentierten Philosophie   128

Abb. 43: Teilnahme an Kreativwettbewerben   130

Abb. 44: Wichtigkeit der Eigenwerbung   131

Abb. 45: Häufigkeit der Arbeit an der Eigenwerbung   132

Abb. 46: Am häufigsten eingesetzte Kundengewinnungsinstrumente   133

Abb. 47: Wichtigkeit der verschiedenen Kundengewinnungsinstrumente 134

Abb. 48: Strategische, regelmäßige Planung des Neugeschäfts 135

Abb. 49: Wichtigkeit des Neugeschäfts gegenüber dem Altgeschäft 136

Abb. 50: Konsequenz der Positionierung 137

Abb. 51: Einschätzung der Positionierungskonsequenz der eindeutig positionierten Agenturen 138

Abb. 52: Einschätzung der Positionierungskonsequenz der nicht eindeutig positionierten Agenturen 139

Abb. 53: Übereinstimmung der Einschätzung mit der Positionierung bei eindeutig positionierten Agenturen 140

Abb. 54: Übereinstimmung der Einschätzung mit der Positionierung bei nicht eindeutig positionierten Agenturen 140

Tabellenverzeichnis

		Seite
Tab. 1:	Investitionen in Werbung	43
Tab. 2:	Ablaufphasen eines Marktforschungsprojektes	66
Tab. 3:	Fragebogen Nr. 1	74
Tab. 4:	Fragebogen Nr. 2	75
Tab. 5:	Fragebogen Nr. 3	76
Tab. 6:	Fragebogen Nr. 4	77
Tab. 7:	Fragebogen Nr. 5	78
Tab. 8:	Fragebogen Nr. 6	79

1 Einleitung

Das Umfeld der Unternehmen hat sich in den vergangenen Jahren stark verändert. Nicht nur der intensive und vor allem dynamische Wettbewerb, in dem sich Unternehmen heute befinden sondern ebenso die individuellen und hochgradig unterschiedlichen Ansprüche und Bedürfnisse der Kunden stellen neue Anforderungen an die Unternehmensorganisation. Unternehmen werden durch die Markt- und Wettbewerbssituation herausgefordert, den Bedürfnissen ihrer Kunden individuell gerecht zu werden. In diesem hochkomplexen Umfeld ist das Marketingmanagement gefordert, die Produkte und das Unternehmen zukunftsweisend und konsequent neu gegenüber Kunden und dem Mitbewerb zu positionieren. Die Konjunkturlage hat sich in den vergangenen Jahre nicht gerade zum Positiven entwickelt. Steigende Lohn-/Lohnnebenkosten veranlassen das produzierende Gewerbe, in Billig-Lohnländer umzusiedeln. Der Wirtschaftsstandort Deutschland wird zunehmend unattraktiver. Viele Unternehmen reagierten auf die wirtschaftlichen Veränderungen mit Massenentlassungen und Einsparungen in vielen Bereichen. So hat ebenso die Werbebranche unter den Einsparungen der Unternehmen stark gelitten. Aufgrund von Einsparungen der Unternehmen im Bereich des Marketings und im Besonderen bei den Werbebudgets, mussten viele Werbeagenturen Insolvenzen einleiten. Die vergangenen drei Jahre wurde die deutsche Werbelandschaft von Fusionen, Insolvenzen und starker Marktkonzentrationen geprägt. Gerade kleineren Werbeagenturen ging es dabei an den Kragen. Heute, im Jahr 2005, ist wieder ein leichter Anstieg der Werbeinvestitionen zu verzeichnen. Allerdings ist trotz des Anstiegs der Marktbereinigungsprozess noch nicht beendet. Die Boom-Jahre der Werbung sind vorbei, in welchen jeder Gründer einer Werbeagentur, an den starken Investitionen der Werbetreibenden ohne große Branchenkenntnisse teilhaben konnte. Im Jahr 2005 sind 3.500 Werbeagenturen im deutschen Handelsregister eingetragen, jedoch ist die Anzahl der tatsächlich am Markt agierenden weitaus größer und aufgrund fehlender Marktzugangsbeschränkungen eine Dunkelziffer. Um sich aus diesem Gros der Agenturlandschaft hervorheben zu können, sind die Agenturen angehalten, ihre Produkte ihren potenziellen Kunden und bestehenden Kunden gegenüber gewinnbringend zu positionieren.

1.1 Problemstellung

Die bereits zuvor genannten wirtschaftlichen Schwierigkeiten verdeutlichen die größer werdende Notwendigkeit einer klaren Positionierung der Werbe- und Kommunikationsagenturen.
Über die Positionierung der Werbeagenturen in Deutschland ist sich die gesamte Branche im Unklaren. Es existiert nur eine geringfügige Anzahl ausgewählter Literatur, welche sich mit dem Thema auseinander setzt und dies i. d. R. nur in einzelnen Teilbereichen der Positionierung. Des Weiteren existieren keine verlässlichen, re-

präsentativen Daten darüber, welche Positionierungsmöglichkeiten für Werbe-/Kommunikationsagenturen bestehen und anhand welcher Kriterien die Positionierung tatsächlich umgesetzt wird. Die vorliegende Arbeit mit dem Titel „Positionierung von Kommunikationsagenturen – Eine Erhebung zur Kommunikationsagenturpositionierung in Deutschland 2005" soll mehr Licht ins Dunkle der Kommunikationsbranche und deren Positionierungsmöglichkeiten bringen. Anhand einer Online-Erhebung wurden die in der Literatur bekannten Positionierungskriterien der Werbe-/Kommunikationsagenturen in Deutschland auf ihre Anwendung hin untersucht.

1.2 Struktur der Arbeit

Im theoretischen Teil dieser Arbeit werden zunächst im 2. Kapitel eine kurze Umschreibung des Begriffes Positionierung, ein Überblick über die Entstehung der Positionierungstheorie sowie die Zusammenhänge zwischen dem Image und der Positionierung folgen. Im 3. Kapitel wird das Untersuchungsobjekt „Werbeagentur" auf seine Entstehung hin untersucht und der heutige Markt der Kommunikationsagenturen aufgezeigt. Im 4. Kapitel wird auf die in der Literatur und in der Fachpresse stattfindende Positionierungsdiskussionen der Kommunikationsagenturen eingegangen. Im 5. Kapitel werden Expertenmeinungen zur aktuellen Lage der Positionierung von Kommunikationsagenturen aufgezeigt und auf die Erstellung und Durchführung der Erhebung sowie auf die in der Literatur bekannten problemrelevanten Kriterien eingegangen. Es werden kurz die eingesetzten Marktforschungsmethoden umrissen und die Ziele der Untersuchung aufgelistet. Im 6. Kapitel folgt die Auswertung der Untersuchung, im 7. Kapitel die Schlussbetrachtung sowie die Aussichten.

2   Positionierung

"For years, all of us in marketing taught our students to build a marketing plan around the „four Ps" – Product, Price, Place and Promotions. I began to realize some years ago that important Stepps needed to precede the four Ps. All good marketing planning must start with R, Research, before any of the Ps can be set. Research reveals, among other things, that customers differ greatly in their needs, perceptions, and preferences. Therefore, customer must be classified into S, Segments.
Most companies cannot serve all segments. A company must choose the segment that they can serve at superior level. This is T, Targeting.
Now there is one more step before 4P planning can take place. That is P. Positioning.(...)
Positioning is a revolutionary idea precisely because it cuts across the other four Ps. It informs each of the Ps and adds consistency to them." Philip Kotler, Ph.D. 2001[1]

Bevor es Zeit für ein Unternehmen wird, sich mit der tatsächlichen Kommunikation ihrer Produkte zu beschäftigen, sollte die Frage beantwortet werden: „Wofür steht das Unternehmen, das Produkt bzw. die Dienstleistung? Der Fachbegriff der hierfür steht ist „Positionierung"."

---

[1] Vgl. Trout, J.; Ries, A., (2001), S. ix

"Die Positionierung im Marketing bezeichnet das gezielte, planmäßige Schaffen und Herausstellen von Stärken und Qualitäten, durch die sich ein Produkt oder eine Dienstleistung in der Einschätzung der Zielgruppe klar und positiv von anderen Produkten oder Dienstleistungen unterscheidet. David Ogilvys Definition der Positionierung lautete kurz „was das Produkt leistet - und für wen" (in: *Ogilvy on Advertising*). Dabei geht die Positionierung von der Abbildung des Meinungsbildes zu einem Meinungsgegenstand (z. B. Sach- oder Dienstleistung) in einem psychologischen Marktmodell aus."[2]

„Die zentrale Aufgabe einer Positionierung ist es, die zukünftige Stellung eines Leistungsangebotes im Markt und Wettbewerb festzulegen, um die Richtung für einen effizienten Einsatz des Marketing-Mix vorzugeben. Die Positionierung liefert die Leitidee für die quantitative und qualitative Ausgestaltung des Marketing-Mix. Das Ziel aller Marketingbemühungen liegt darin, komparative Konkurrenzvorteile zu erzielen."[3]

Klaus Backhaus stellt es anschaulich dar, er spricht bei der Positionierung vom „Survival of the Fittest", also von der Positionierung eines Produktes, so dass es eine durchgehende und wirtschaftlich rentable Alleinstellung am Markt erzielt.[4]

---

[2] Vgl. Wikipedia.de – Online-Lexikone: Positionierung, Online-Quellen
[3] Vgl. Tomczak, T.; Rudolph, T.; Roosdorp, A. (1996), S. 26
[4] Backhaus, K. (1995), S. 28

Positionierung 27

In diesem Zusammenhang gesehen wird von den Positionierungsentscheidungen als „1. Aufgabe des zielorientierten Marketings gesprochen."[5]

2.1 Entwicklung des Positionierungsgedankens

Die Entwicklung des Positionierungsgedankens ist ähnlich wie die Entwicklung des Marketings, auf den Wandel der Märkte von den so genannten Verkäufermärkten (Angebot kleiner Nachfrage) hin zu den Käufermärkten (Angebot größer als Nachfrage) zurückzuführen. Bei dem Existieren eines Überangebotes auf Märkten können auf lange Sicht nur diejenigen Unternehmen überleben, die zielgenau mit ihren Angeboten auf die Bedürfnisse ihrer Kunden reagieren und sich ebenso flexibel auf potenzielle Vorstellungen sowie Erwartungen umstellen können.[6]
In diesem Zusammenhang müssen Unternehmen für das eigene Produkt eine „unique selling proposition" (im Folgenden USP genannt), also einen einzigartigen Verkaufsvorteil generieren, welcher das Produkt spezifisch und nicht reproduzierbar bei den Käufern profiliert.[7] Im engeren Sinne geht es vor allem darum, den Zielgruppen gegenüber einen einfachen sowie klaren Nutzen zu kreieren und diesen gegenüber den Produkten des Wettbewerbs hervorzuheben. Wobei es die kreative Aufgabe ist, ein Produkt so

---

[5] Vgl. Tomczak, T.; Rudolph, T.; Roosdorp, A. (1996), S. 26
[6] Ebd., S. 12
[7] Vgl. Reeves, R; (1961)

zu positionieren, dass eine möglichst große Annäherung an das vom Konsumenten gewünschte Idealprodukt erzielt wird. Des Weiteren ist die Aufgabe, eine sehr hohe Abgrenzung gegenüber Konkurrenzprodukten zu erreichen.[8]

2.2 Die Notwendigkeit einer klaren Positionierung

Der einfachste Grund für die Notwendigkeit einer klaren Positionierung ist, dass der Erfolg aller weiteren Marketingaktivitäten von der Klarheit und Exaktheit der Positionierung abhängt und somit die Positionierung entscheidend zur Verhinderung von fehlgeleiteten Marketingaktivitäten beiträgt.
Jack Trout, der Gründer des Positionierungsgedankens, definiert die Positionierungsstrategie folgendermaßen: „Your strategy describes what makes your business unique, and what is the best way to get that difference into the minds of your clients and prospects."[9] Jack Trout nennt die Positionierung zugleich "the battle for your mind". Um mit Jack Trouts Worten zu sprechen, eine Schlacht lässt sich nicht allein durch eine mannstarke Armee gewinnen sondern bei jeder Schlacht ist ebenso eine strategisch vorteilhafte Stellung ausschlaggebend. Die Positionierung von Unternehmen, Produkten bzw. Dienstleistungen funktioniert ähnlich. Jedes zu positionierende Objekt befindet sich in einem Objektraum, dem Anbietermarkt, denkt man sich diesen als Landkarte,

---
[8] Vgl. Meffert, H. (2000), S. 711
[9] Vgl. Management Consulting News.com: Meet the Mastermind, Online-Quellen

stellt die Position der Anbieter unsere Vorstellungen dar, die wir von den Anbietern haben. Bei dieser Landkarte handelt es sich i. d. R. um ein vieldimensionales Koordinatensystem. Die Achsen stellen dabei die relevanten oder wichtigsten Produktattribute (Urteilsdimensionen) dar, wie z. B. die Preisachse, die Qualitätsachse oder die Serviceachse und je nach Komplexität des Angebotes viele Weitere. Die Entfernung zum Ursprung entspricht dabei unserer persönlichen Wertschätzung für das jeweilige Attribut beim jeweiligen Hersteller bzw. Anbieter.[10]

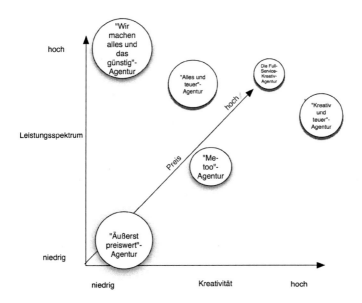

Abbildung 1: Positionierung anhand des Kommunikationsmarktes
Quelle: Eigene Darstellung

---

[10] Vgl. Helimg, B., Tscheuling, D. K. (2004), S. 404

Die Positionierung ist immer relativ zu den Mitbewerbern („Äußerst preiswert"-Agentur ist günstiger als die Full-Service-Kreativ-Agentur, aber qualitativ hochwertiger als die „Alles und teuer"-Agentur). Die „Me-too"-Agentur wäre in diesem Sinne eine Agentur mit ähnlichen Angeboten wie die „Kreativ und teuer"-Agentur und die „Alles und teuer"-Agentur, jedoch differenziert sich diese über einen günstigeren Preis. Das Leistungsspektrum, die Kreativität und der Preis sind Differenzierungsmerkmale, also Vergleichswerte, die das Produkt unterscheiden, welche wiederum Mitbewerber voraussetzen. Ohne Mitbewerb ist die Positionierung nicht klar und eindeutig festzulegen. Bei einer identischen Positionierung gewinnt immer der Marktführer bzw. das bekanntere Produkt.[11]

In der Marktforschung werden Positionierungsverfahren hauptsächlich zur Untersuchung von Markenprodukten eingesetzt. Durch diese Markenuntersuchungen lassen sich vorrangig für das Marketing-Management Erkenntnisse gewinnen, welche die in Zukunft zu treffenden unternehmens- und marktpolitischen Entscheidungen bevorzugt bestimmen. Die unternehmens- und marktpolitischen Entscheidungen betreffen, unter Betrachtung der Notwendigkeit von Mitbewerbern für Positionierungsentscheidungen, Maßnahmen, die im direkten Zusammenhang mit Konkurrenzmarken stehen.[12]

---

[11] Vgl. Trout, J., Ries, A. (2001), S. 34-35
[12] Vgl. BASE-Marketing: Ueber Markenmanagement, siehe Online-Quellen

Auf der einen Seite steht das Produktwissen des Käufers und auf der andern eine langfristige emotionale Produktpositionierung. Die in diesem Zusammenhang erwähnte Erinnerungswirkung zielt entweder auf die Marke oder auf das Unternehmen ab. So ergibt sich bspw. bei einer Werbekampagne der Entscheidungsbedarf darüber, ob entweder die Funktionalität des Produktes oder eben der Prestigeeffekt transportiert werden soll. Innerhalb dieses Wirkungsmodells nimmt das Image - oder häufig auch die Einstellung genannt - eine sehr große Funktion ein. So entscheidet das Image oder die Einstellung zu einem Produkt oder einem Unternehmen häufig darüber, welche Kauf- oder Handlungsentscheidungen erfolgen.[13]

Bei einer Unternehmens- sowie Produktpositionierung hat das Image an sehr großer Bedeutung gewonnen, da die Angebotsdifferenzierung, aufgrund häufig auftretender Überangebote, fast ausschließlich über diesen Faktor möglich ist.[14] Deshalb soll im folgenden Abschnitt etwas näher auf den Faktor Image eingegangen werden.

---

[13] Vgl. Meffert, H. (2000), S. 693
[14] Vgl. Paulssen, M.; Trommsdorff, V., Online-Quellen

2.3 Imagepositionierung

Als Schlüsselbegriff für die Marktpsychologie wurde der Begriff des Image 1955 von B. Gardner und S. Levy als „Marktbild" und (Marken-)Persönlichkeit im Zusammenhang mit einem Produkt oder einem Unternehmen eingeführt. Innerhalb der ersten Veröffentlichung von Gardner und Levy wird zum ersten Mal der Imagebegriff im heutigen Sinne gebraucht, als das „brand image" und „public image" und diesen stärker auf die Bereiche Güter und Dienstleistung einschränkt.[15] Der Werber David Ogilvy ist einer der ersten gewesen, der die neuen Überlegungen von Gardner und Levy aufgegriffen hat und diese in Zusammenhang zur Markenartikelwerbung und damit verbundenen Marktanteilserhöhung und Gewinnmaximierung gebracht hat und deren enorme Bedeutung für die Werbeindustrie begriff. Die Markt- und Absatzforschung ist hauptsächlich an der Erfassung der Imageausprägungen interessiert und daran diese möglich exakt wiederzugeben.

Da es den Rahmen dieser Arbeit sprengen würde, wird an dieser Stelle nicht weiter auf die theoretische-konzeptionelle Diskussion des Begriffes "Image" eingegangen. Es werden lediglich die Aspekte der Marktpsychologie und der Marktforschung näher erläutert.

---

[15] Vgl. Johannsen, Uwe (1971), S. 23

Bei der Messung des Image wird die Methodik der Imageanalyse angewandt. Hierbei werden der Bekanntheitsgrad und die Beliebtheit eines Produktes oder eines Unternehmens gemessen.[16] In der Marktforschung wird das Image als Gesamtheit der Einstellungen gegenüber einem Meinungsgegenstand bezeichnet.[17] Da Einstellungen über kognitive, affektive und konative Komponenten verfügen, können Images durch Befragungen analysiert werden.[18] Aufgrund der Möglichkeit das Image durch Befragungen messen zu können, ist es einerseits möglich rechtzeitige und genaue Kenntnisse der Vorstellungen und Präferenzen des Kunden zu ermitteln. Andererseits können somit Produkte und Dienstleistungen besser an den Wünschen der Kunden ausgerichtet sowie bei Veränderungen der Vorstellungen entsprechend schnell und flexibel angepasst werden.

Ausgehend von den drei in der Marktforschung verwendeten Imagebegriffen, nämlich:

- Das Markenimage (brand image)
- Das Firmenimage (corporate image)
- Das Branchen- und Produktimage (generic image)[19]

ist vor allem das Firmenimage, von Interesse.

---

[16] Vgl. Wikipedia – Online-Lexikon: Image, Online-Quellen
[17] Vgl. Helmig, B., Tscheulin, D. K. (2004), S. 237
[18] Vgl. Meffert, H. (2000), S. 693
[19] Vgl. Focus Medialine Lexikon: Image, Online-Quellen

Das Firmenimage ist in diesem Zusammenhang gesehen das Kommunikationsmittel zwischen Imageträger und der anzusprechenden Zielgruppe.

Die wirtschaftliche Funktionalität der Positionierung, ist in dieser Beziehung vermutlich auf den ständig steigenden Imagewettbewerb zurückzuführen. Angesichts der Tatsache, dass durch die stetig zunehmende Informationsflut der Zusammenhang zwischen Marke und spezifischen Produkteigenschaften immer mehr verschwimmt und nur noch schwer zu kommunizieren ist, stellt das Unternehmensimage eine vereinfachte Variante der Kommunikation vom Produkt dar. Somit wird dem Kunden nicht nur einfach ein Produkt verkauft sondern eher eine Art Lebensgefühl, hervorgerufen durch das Unternehmensimage.

So lassen sich vor allem Produkteigenschaften von Dienstleistungen, welche aufgrund ihrer Immaterialität schwer vermittelbar sind vereinfacht durch ein Unternehmensimage kommunizieren.

3 Die Werbeagentur

Nachdem verdeutlicht wurde, dass die Positionierung von Angeboten und Unternehmen eine der wichtigsten Marketingentscheidungen darstellt, soll im Folgenden näher auf das in dieser Arbeit zu untersuchende Objekt, die Werbeagentur bzw. die Werbung, eingegangen werden. Im nachstehenden Abschnitt wird die Entwicklung des Untersuchungsobjektes und die heutigen Marktstrukturen aufgezeigt werden.

3.1 Begriffsdefinitionen von „Werbung" und „Werbeagentur"

Die Definition von Werbung lautet im Brockhaus-Lexikon wie folgt: „Werbung (früher Reklame), Versuch der zwangfreien Meinungsbeeinflussung durch besondere Kommunikationsmittel; bezieht sich diese Beeinflussung auf politische, kulturelle oder religiöse Ziele, spricht man von Propaganda; bezieht sie sich auf wirtschaftliche Ziele, spricht man von Wirtschaftswerbung, die unterteilt wird in Werbung um öffentliches Vertrauen (Public Relations) und Absatzwerbung. (...)[20]

---

[20] Brookhaus-Lexikon: Werbung, Online-Quellen

Die Definition des Großen Marketinglexikon von Vahlen lautet:
Unter Werbung wird der Bestandteil des Kommunikations-Mix einer betrieblichen Organisation verstanden. Sie ist ein Element der Kommunikationspolitik neben zum Beispiel Verkaufsförderung und Public Relations und beinhaltet den bewussten, gezielten und kostenverursachenden Einsatz spezieller Werbemittel in unterschiedlichsten Werbeformen zur Beeinflussung von (potentiellen) Austauschpartnern.[21]

Der Ursprung der Agentur findet sich im deutschen Handelsgesetzbuch wieder, als der früher als Agent bezeichnete Handelsvertreter, der als „selbstständiger Gewerbetreibender ständig damit betraut ist, für einen anderen Unternehmer Geschäfte zu vermitteln oder in dessen Namen abzuschließen."[22] Dementsprechend ist unter einer Werbeagentur, das Unternehmen eines Werbeagenten zu verstehen. Der Begriff Agentur ist dem englischen „agency" entlehnt und bezieht sich auf alle möglichen Besorgungen für einen Auftragsgeber.

Die Werbeagentur ist nach Vahlens Großen Marketing Lexikon:
Dienstleistungsbetrieb der Marktkommunikation, der von seinen Auftraggebern Aufgaben in einem, mehreren oder allen der folgenden Bereiche übernimmt. Aufgaben sind: Beratung bei der Erstellung einer Konzeption für die Marktkommunikation, d. h.

---

[21] Vgl. Diller, H. (1992), S. 1321
[22] Vgl. Handelsgesetzbuch (2003), S. 24 § 84 Abs. 1

Marktforschung, Planung des Marketing-Mix oder Medienauswahl; Mittlung, d. h. Ausführung bestimmter Teilleistungen bei der kreativen Umsetzung, wie z. B. Herstellung von Werbemitteln oder Mediaeinkauf, sowie *Planung*, Gestaltung und Durchführung von Werbe-, Verkaufsförderungs-, oder PR-Kampagnen, von Verpackungen, etc.[23]

3.2 Entwicklungsgeschichte der Werbeagenturen in Deutschland

1855 wurde die erste deutsche Werbeagentur, unter dem Namen „Insertions-Agentur", von Hasenstein in Altona gegründet.[24] Die Werbeagenturen sind aus der reinen Vermittlung von Werberaum durch die um 1855 tätigen Annoncenexpeditionen entstanden. Später, um 1891, übernahmen diese Funktion die so genannten Reklameberater.[25] Die Annoncenexpeditionen oder Reklameberater wurden eigentlich nicht für die Erstellung der Anzeigen/Reklamen/Annoncen entlohnt, sondern sie vermittelten vielmehr zwischen den Zeitungen und den Werbetreibenden die Anzeigenplätze, wurden für das Erscheinen der Anzeigen bezahlt und erhielten hierbei die noch heute übliche Mittlerprovision von 15 Prozent des Werbeaufkommens.[26]

---

[23] Vgl. Diller, H. (1992), S. 1289
[24] Vgl. Wallmeier, W. (1968), S. 19
[25] Vgl. Focus Medialine Lexikon: Werbeagentur, Online-Quellen
[26] Vgl. Pampe, K.-D., (1968), S. 22

Der Ursprung des Wortes „Werbeagentur" ist im englischsprachigen Raum zu suchen. Die Bezeichung „advertising agency" wurde um 1936 in die hierzulande bekannte Werbeagentur übersetzt. Mit der wirtschaftlichen Entwicklung in Deutschland hin zu Markenartikeln und Massenproduktion wuchs auch ebenso die Erkenntnis, dass Werbung nur ein kleiner Teil des Kommunikations-Mix innerhalb des Marketing-Managements ist. Die Anforderungen an die Agenturen wurden größer und die Werbeagenturen entwickelten sich zu Beratungsunternehmen und richteten sich nach den amerikanischen full-service advertising agencies. Mit dieser Umstrukturierung zur Full-Service-Agentur[27] strebten sie die Übernahme gesamter Etats[28] an.[29] Die so genannten Werbeberater verdrängten mehr und mehr die noch übrigen Annoncenexpeditionen.

3.3 Die Werbeagentur heute

Der Begriff Werbeagentur ist weder inhaltlich noch rechtlich fest umrissen. Es gibt keine behördlich festgelegte Definition, was eine Werbeagentur ist. Die tatsächliche Anzahl an Werbe-/Kommunikationsagenturen in Deutschland lässt sich deshalb nur schwer schätzen. Der Zentralverband der deutschen Werbewirtschaft (ZAW) gibt eine sehr weit gefasste Schätzung an.

---

[27] Full-Service-Agentur, siehe Glossar
[28] Etat, siehe Glossar
[29] Vgl. Unger, F.; Fuchs, W. (1999), S. 404 ff.

Laut ZAW existieren in Deutschland ca. 2.000 Kommunikationsagenturen und ca. 400 Full-Service-Agenturen.[30] Statistische Angaben bewegen sich zwischen 3.500 und 8.000 Agenturen, welche auf dem deutschen Markt tätig sind. Die laut Handelregister eingetragene Anzahl an Kommunikations-/Werbeagenturen beläuft sich auf 3.500.[31] Die Vielzahl der Werbeagenturen und die Vielfalt der von Werbetreibenden übertragenen Aufgaben machen eine exakte Definition der Werbeagentur nicht einfach. Bedingt durch die potenzielle Heterogenität der Werbeagenturen und der fehlenden Marktzugangsbeschränkungen, ist der Begriff „Werbeagentur" einer der Begriffe, die am häufigsten verwendet werden, ohne dass eine wirklich exakte Definition davon gegeben wird.[32] In der Regel definieren sich die Agenturen durch ihren Leistungsumfang. Werbeagenturen wandeln sich immer mehr zu Kommunikationsdienstleistern in allen Bereichen der Marketing-Kommunikation und erweitern zunehmend ihr Leistungsportfolio um weitere Dienstleistungen, die sich nicht mehr nur auf die klassischen Bereiche der Werbung konzentrieren.[33] Aufgrund dessen beschäftigt sich diese Arbeit mit den so genannten Kommunikationsagenturen.

Kommunikationsagenturen sind: „Erwerbswirtschaftliche orientierte Dienstleistungsunternehmen, die im Rahmen längerfristiger Verträge die marketingkommunikative Betreuung – unter Einschluss

---

[30] Telefonat am 15.0.2005, ZAW
[31] Telefonat am 16.06.2006, w&v Herr Dr. Zimmer
[32] Vgl. Zuberbier, I., (1982), S. 2375
[33] Vgl. Ernst & Young, F.A.Z.-Institut (2004), S. 9

werblicher Methoden – von Unternehmen/Institutionen, Produkten und Dienstleistungen im Auftrag eines Unternehmens/Institution („Werbetreibender") gegen vereinbartes Entgelt treuhänderisch übernehmen."[34] Sie sind rechtlich selbstständig, arbeiten unter eigenen Namen und auf eigene Rechnung.[35]

3.4 Der Markt der Kommunikationsagenturen

Der Markt der Kommunikationsagenturen steckte die vergangenen Jahre nach einem vorherigen starken Anstieg in einer rezessiven Entwicklung. Gründe hierfür waren u. a.:

- Schwache wirtschaftliche Konjunktur führte zur Einschränkung bzw. Streichung der Werbeausgaben
- Sonderkonjunkturen durch Dotcoms, Börsengänge und Übernahmen sind zu Ende
- Eine Vielzahl an Insolvenzen führt zur Einschränkung von Kreditvergaben seitens der Banken, dies betrifft im Besonderen mittelständische Unternehmen (Basel II)
- Die weltpolitische Lage lähmt die Wirtschaft (Folgen des 11. September, Dauer des Irak-Kriegs etc.)

- Die Attraktivität des Wirtschaftsstandorts Deutschland nimmt augrund von weltwirtschaftlicher Veränderung ab. (Osterweiterung, steigende Lohn- und Lohnnebenkosten)

---
[34] Vgl. Zuberbier, I., (1982), S. 2376
[35] Vgl. Buggert, W. (1982), S. 9

Wie selten zuvor in der Nachkriegszeit war das Geschäftsklima der Kommunikationsagenturen von soviel Zurückhaltung und Pessimismus geprägt. 84 Prozent der Agenturen sahen sich dazu veranlasst, Kosten einzusparen und dies vor allem im Personalbereich, da dies der größte Kostenblock für Agenturen darstellt.[36]

Unter den führenden Werbeagenturen gab es zu Beginn des Jahrzehnts nur noch Wenige, die nicht Mitglied eines internationalen Netzwerks oder einer internationalen Werbeholding waren. In 2001 befand sich unter den Top Ten der klassischen Agenturen keine einzige unabhängige Agentur.[37] Die Holdings deckten und decken noch heute durch ihre große Anzahl an unterschiedlichsten Agenturen sämtliche Bereiche der Kommunikationsdisziplin ab. Der Hauptzweck dieser Holdings ist finanzieller Natur gewesen. So erzielten sie gerade bei Mediaeinkäufen entsprechende Mengeneffekte oder hatten Controllingaufgaben zum Hauptziel. Des Weiteren hatte der Einkauf von Agenturen das Ziel, das von den Werbetreibenden gesetzte Verbot für einen Wettbewerber tätig zu sein, auf „legale" Weise zu umgehen, um sich so mehr Handlungsspielraum in bestimmten Branchen zu verschaffen.[38]

Auf Agenturebene ist es zu einer großen Anzahl von Fusionen und Akquisitionen[39] gekommen, welche auf die schwache konjunkturelle Lage zurückzuführen sind.

---

[36] Vgl. GWA: GWA-Monitor 2002-2003, Online-Quellen
[37] Vgl. Ernst & Young, F.A.Z-Institut (2002), S. 18
[38] Vgl. Zimmermann, R. (2004), S. 312-313
[39] Akquisition, siehe Glossar

Die Werbeinvestitionen sanken zwischen 2000 und 2001 von 242 auf 231 Euro pro Kopf. Zum Vergleich: In den USA lagen die Investitionen pro Kopf in beiden Jahren konstant bei 572 Euro.[40]
Die klassischen Agenturen konnten 2001 ihren Umsatz um 5 Prozent steigern, allerdings litten gerade die kleinen, unabhängigen und inhabergeführten Agenturen unter dem Zusammenbruch des Marktes und an der erodierenden Zahlungsmoral ihrer Kunden. Der Großteil dieser Agenturen ist hauptsächlich im Projektgeschäft engagiert gewesen und konnte nicht wie die Netzwerke auf Rahmenverträge bauen.

Die Werbeinvestitionen der Werbetreibenden flossen im Herbst 2001 nach Angaben der Fachzeitschrift w&v durchschnittlich zu 62 Prozent in die klassische Werbung, zu 19 Prozent in nicht klassische und zu 18 Prozent in die Verkaufsförderung.
Zuwächse erreichten im Vergleich zu 2000 die nicht klassischen Werbeträger, wie zum Beispiel die Onlineangebote, trotz des Einbruches der New Economy, mit 20 Prozent und die Zeitungsbeilagen mit 7,7 Prozent.[41]
Nicht klassische Werbung (Below-the-Line-Werbung) gewann jedoch bereits vor dem Jahrhundertwechsel an Popularität. Zu ihr gehören Maßnahmen wie Product-Placement, Programm-Sponsoring und Direct-Marketing.

---

[40] Vgl. F.A.Z., Ernst & Young (2002), S. 19 ff.
[41] Telefonat am 16.06.2006, w&v Herr Dr. Zimmer

In 2004 hat sich die Lage geändert. Die Rezession in Deutschland ist weitestgehend beendet und die Investitionen in Werbung sind nach drei Jahren und einem Verlust des Werbevolumens von 4,3 Mrd. Euro wieder um 1,1 Prozent gestiegen.[42]
Innerhalb aller Werbeinvestitionen in Deutschland (siehe Tabelle) nehmen die Werbeagenturen in 2004 rund 13 Mrd. Euro Umsatz ein.[43]

**Investitionen in Werbung
nominal / in Mrd. Euro gerundet**

Investitionen in Werbung	Deutschland gesamt Ergebnisse				
	2000	2001	2002	2003	2004
Gesamt Honorare, Werbemittelproduktion, Medien	33,21 +5,7%	31,49 -5,2%	29,69 -5,7%	28,91 -2,6%	29,22 +1,1%
davon Netto-Werbeumsätze Medien	23,38 +7,1%	21,72 -7,1%	20,14 -7,3%	19,28 -4,3%	19,59 +1,6%

Quelle: Zentralverband der deutschen Werbewirtschaft (ZAW) (2005), S. 9

---

[42] Vgl. ZAW, (2005), S. 9
[43] Vgl. GWA-Monitor 2004, Online-Quellen

Durch die Rückkehr der Unternehmen zur Werbung ergibt sich folgende Erfahrung:
Werbung ist für die marktpolitische Kommunikation von Unternehmen ein unverzichtbarer Bestandteil.

„Wer aufhört zu werben, um Geld zu sparen, kann genauso gut die Uhr anhalten, um Zeit zu sparen." (Henry Ford)[44]

Doch die Rezession hat noch nicht ganz halt vor der Werbebranche gemacht. Weitere Fusionen und Akquisition der großen Holdings werden folgen und der Bereinigungsprozess der Branche weiterhin anhalten. Mit diesem wirtschaftlichen Hintergrund müssen sich Agenturen, trotz ansteigender Werbeinvestitionen, auf ihre Positionierung am Markt konzentrieren oder diese neu überdenken, um Mittel und Wege zu finden sich aus dem Gros der Agenturlandschaft hervorzuheben.

---

[44] Schneider, K., Pflaum, D. (2003), S. 243

4 Die Positionierung von Kommunikationsagenturen

Tragen Schuster die schlechtesten Schuhe? So ein weit bekannter Satz der nicht nur auf diese Branche zutreffen dürfte. Häufig wird Kommunikationsagenturen vorgeworfen, dass sie selbst diejenigen sind, die zwar ihre Kunden ständig belehren, dass eine klare Positionierung, die Generierung von wirklich einzigartigen USPs und deren Kommunikation sowie eine konsequente Markenführung, für ihren Geschäftserfolg unabdingbare Faktoren sind, sie aber bei ihrer eignen Positionierung diese Regeln nicht beachten. Jean-Remy von Matt bringt es in einem Artikel der Fachzeitschrift auf den Punkt: „Der Werber ist das Stiefkind der Markenlehre: Er predigt und sündigt zugleich."[45] Agenturen beraten Unternehmen darüber, wie sie sich zu positionieren haben und vernachlässigen dabei ihr eigenes Image. Eine Untersuchung der Universität Dortmund zum Thema Eigenwerbung bestätigt, dass es Agenturen schwer fällt für sich selbst Werbung zu betreiben, bzw. dass sie häufig gar keine Eigenwerbung betreiben und sich vorab ganz und gar nicht klar und eindeutig positionieren. Die Agenturen reagieren auf diese Behauptungen häufig mit einer gegenteiligen Position. Mittlerweile hat sich das Thema Eigenwerbung anscheinend zum Positiven gewendet.[46] Dass eine klare Positionierung der Agentur zu den wichtigsten, strategischen Aufgaben gehört, wird häufig in Interviews von den „Großen der Branche" bestätigt,

---

[45] Vgl. von Matt, J.-R. (1998), S. 27
[46] Vgl. Weber, D. (1997), S. 104-105

aber im Umkehrschluss wiederum auch, dass diese selten umgesetzt wird.[47] In den Fachzeitschriften wird dieser Thematik nur selten Interesse beigemessen. Interessanterweise erlangt dieses Thema aber genau dann eine größere Aufmerksamkeit, wenn die Werbebranche wieder einmal ein schlechtes Jahr hatte.

Werbeleute, wie der Geschäftsführer der erfolgreichen Kreativagentur Jung von Matt, Jean-Remy von Matt, sprechen von der Agentur als Marke und bezeichnen eine klare Positionierung der Kommunikationsagenturen als Regel Nr. 1.[48]

Über einen Zeitraum von zwanzig Jahren, von den frühen Achtzigern bis zu den späten Neunzigern, ist die Werbebranche unablässig gewachsen. Die Werbeinvestitionen der Industrie in Marketing- und Kommunikationsmittel wurden von Jahr zu Jahr gesteigert. An diesem Wachstum konnte jeder ohne großen Kapitalbedarf teilhaben. Marktbearbeitungsstrategien oder die Steigerung der Wettbewerbsfähigkeit sowie der Einsatz von Eigenmarketing wurden als nicht erforderlich angesehen.[49] Denn die Kreativität der Branche galt als Gegenposition zu traditionellen Unternehmen und rechtfertigte somit die Entsagungen von Geschäftsstrategien. Die Branche gründete eher in der Kunst als in der Volks- oder Betriebswirtschaft. Gerade das aus dem Bauch heraus entscheiden ist für viele Agenturen Grundvoraussetzung Nr. 1 für das Bestehen von Kreativität gewesen. Agenturen dachten, dass sie mit einer strategischen Geschäftsführung die Agentur eher als traditionelles Unternehmen

---
[47] Vgl. o.V. (1997), S. 25
[48] Vgl. von Matt, J.-R. (1998), S. 27
[49] Vgl. o.V. (1997), S. 16

als ein kreatives präsentieren würden.⁵⁰ Vielfach ist der Glaube gewesen, dass durch die Aufstellung der Agenturen als Kreativ-Agentur ihre Marktberechtigung gegeben sei. Mit der Weiterentwicklung der Kommunikationskanäle und dem rückläufigen Trend der Werbetreibenden von der klassischen Werbung,⁵¹ stellten sich jedoch weitere Agenturfaktoren dar, die als Differenzierungsmerkmal aufgegriffen werden konnten, ohne dass diese den Anschein einer Unternehmensstrategieentwicklung hatten. Die als Differenzierungsmerkmal verstandene Entwicklung vieler Agenturen zur Full-Service-Agentur machte die Unterscheidung für die Werbetreibenden jedoch nicht einfacher. Unterstützend dazu wird in Fachzeitschriften häufig darüber berichtet, dass es gerade die Spezialisierung sowie die Konzentration auf wenige Bereiche sind, die eine Spitzenstellung einer Agentur am Markt ermöglicht, als der Versuch an allen Fronten gleichzeitig mitzuwirken.⁵² In den Agenturphilosophien liest man jedoch häufig: „Wir machen alles" und die Agenturen präsentieren sich somit ihren Kunden gegenüber als ein großer Gemischtwarenladen, so ein Branchenkenner. Die daraus resultierende, „verwischte" Positionierung, lässt sich vermutlich auf die „Angst der Agenturen" zurückführen, den potenziellen Kunden bei einer zu engen Positionierung und einem zu eingeschränktem Leistungsspektrum verlieren zu können. Dies trifft nicht nur auf Agenturen zu, jedes Unternehmen, das sich z.

---

⁵⁰ Vgl. Zimmermann, R. (2004), S. 307 ff.
⁵¹ Vgl. Ernst & Young; F.A.Z.-Institut (2002), S. 21
⁵² Vgl. Klenk, V. (1995), S. 40
⁵⁴ Vgl. Friedrich, K. (2003), S. 39

B. bei seiner Positionierung auf einen bestimmten Bereich spezialisiert, geht das Risiko ein, mit diesem Bereich oder der Branche unterzugehen. Viele Unternehmen treffen diese Entscheidung trotz der Risiken.[54] Allerdings spielt bei der Positionierung nicht nur das Risiko der Kommunikationsagentur eine Rolle. Auch der Kunde geht dieses bei der Wahl einer Agentur ein, denn aufgrund der Immaterialität einer Dienstleistung, kann ein Vertrauen gegenüber der Agentur nur schwer aufgebaut werden. Hierbei bedeutet eine starke Agentur-Marke, die klare Positionierung am Markt sowie eine eindeutige Kommunikation der Leistungen und USPs die Vermittlung eines sicheren Gefühls sowie der Aufbau von Vertrauen gegenüber dem Kunden. Denn es ist der Kunde, der den Kauf weder reklamieren noch aufgrund von qualitativen Mängeln zurückgeben kann.[55] Aus vielen Fachartikeln geht hervor, dass der Großteil der Kommunikationsagenturen nicht klar am Markt und vor allem nicht eindeutig genug für ihre Kunden positioniert ist. 90 Prozent der Agenturen verstoßen gegen 90 Prozent der Marketingregeln, so sind es nur eine Hand voll an Agenturen, die ein klares Markenprofil aufweisen und auch als solches für ihre Kunden begreifbar sind.[56] Gerade zur Erreichung dieses prägnanten Markenbildes bedarf es jedoch an der Übereinstimmung bestimmter Positionierungskriterien, bevor die Agentur als Marke kommuniziert werden kann. Das Thema, die Agentur als Marke, wurde bereits in mehreren Publikationen behandelt. In der Regel wurde dabei je-

---

[55] Vgl. Heilmann, Thomas (2003), S. 166
[56] Vgl. o.V. (1997), S. 25

doch die eigentlich vorrangige Positionierung (vgl. 2) und deren Kriterien in den Hintergrund gestellt.

5 Erhebung zur Feststellung der Positionierung von Kommunikationsagenturen in Deutschland

Da es bisher kaum gesicherte Daten bezüglich der Positionierungsfrage bei Kommunikationsagenturen gibt, soll in der vorliegenden Arbeit anhand einer empirischen Untersuchung geklärt werden, wie sich Agenturen am Markt positionieren und unter Einbeziehung welcher Faktoren sie die Positionierung vornehmen bzw. können. Des Weiteren wird ein Versuch gewagt, die Positionierung der Agenturen auf ihre Eindeutigkeit und Strukturiertheit zu untersuchen.

Im folgenden Abschnitt sollen die in dieser Arbeit relevanten Positionierungskriterien der Kommunikationsagenturen aufgezeigt und wissenschaftlich belegt werden.

5.1 Expertengespräch vor Erstellung und Durchführung der Erhebung

Vor der Erstellung und Durchführung der Erhebung, wurden Expertengespräche, zur Absicherung der Fragestellungen sowie zur Überprüfung der in Frage kommenden Kriterien, geführt. Hierfür sprach der Verfasser mit dem Chefredakteur Herrn Dr. Zimmer der

Fachzeitschrift w&v, werben und verkaufen, mit Herrn Dr. Starck, von Starck Marketing, der Werbetreibende bei der Suche nach einer Agentur unterstützt. Des Weiteren wurden Gespräche mit Herrn Herrmann, von HERRMANNCONSULTING geführt. HERRMANNCONSULTING hat sich auf die Unternehmensberatung von inhabergeführten Kommunikationsagenturen spezialisiert. Sowie mit der Geschäftsführerin einer mittelständischen Kommunikationsagentur. Bei den Gesprächen stellte sich der Konsens heraus, dass das Thema Positionierung von Kommunikationsagenturen, als hochinteressant und als ein sehr aktuelles Thema galt, jedoch keine Informationsmaterialen oder wissenschaftliche Daten vorliegen. Herr Dr. Starck sprach ebenso die Notwendigkeit einer klaren und exakten Positionierung von Kommunikationsagenturen an und verdeutlichte das große Interesse der Werbetreibenden an einer eindeutigeren Positionierung der Agenturen und der damit verbundenen Problematik, eine speziell auf ihre Bedürfnisse abgestimmte Agentur zu finden. Die Agenturlandschaft wurde von Herrn Starck als erheblich durch Full-Service-Agenturen geprägt bezeichnet, welche sich nicht ausreichend aus der „Masse" hervorheben.

5.2 Problemrelevante Kriterien

Bei allen Marktforschungsuntersuchungen gibt es eine Vielzahl an Kriterien, die vor der Durchführung der Untersuchung und während der Durchführung angesprochen werden müssen. Ziel ist, anhand dieser Kriterien die Untersuchung durchzuführen und die Kriterien so zu wählen, dass diese sich in der Auswertung darstellen lassen.

Im nachfolgenden Abschnitt werden die Kriterien, die in der vorliegenden Arbeit von Interesse sind, kurz erläutert.

5.2.1 Allgemeine Agenturdaten

Zur Abgrenzung und Kategorisierung der befragten Agenturen wurden in der ersten Etappe der Erhebung allgemeinen Agenturdaten erhoben. Hierzu gehören:
- Agenturtyp
- Gross Income
- Mitarbeiteranzahl /-entwicklung
- Kundenanzahl/-struktur
- Gesellschaftsform
- Agenturkooperationen
- Agentur-Netzwerkzugehörigkeit
- Gründungsjahr

Bei den allgemeinen Agenturdaten sollten folgende Kriterien speziell hervorgehoben werden, da sie zusätzlich Positionierungskriterium sind.

5.2.1.1 Agenturtyp

Wie bereits im Abschnitt 3.3 erwähnt, haben sich neben der ursprünglichen Werbeagentur, Kommunikationsagenturen für die unterschiedlichsten Kommunikationsdisziplinen gebildet, um sich dem Mitbewerb gegenüber abzugrenzen.[61] Die in der Untersuchung berücksichtigten Agenturtypen/-arten wurden aufgrund der Listung in den bekanntesten Branchen-Rankings aufgenommen.[62] Die in dieser Arbeit berücksichtigten Agenturtypen sind:

- Below-the-Line-Agenturen
- B2B-Agenturen
- Event-Agenturen
- Full-Service-Agenturen
- Grafik/Design-Agenturen
- Internet-Agenturen
- Klassische Werbeagenturen
- Marketing-Kommunikations-Beratungs-Agenturen
- Media-Agenturen
- PR-Agenturen
- Produktions-Agenturen
- VKF-/POS-Agenturen/

---

[61] Vgl. Zimmermann, R. (2004), S. 316 ff.
[62] Vgl. w&v online: Rankings, siehe Online-Quellen

5.2.1.2 Gross Income

Das Gross Income bezeichnet die Summe aus Honoraren und Provisionen. Das von der GWA und den beiden Fachzeitschriften w&v und Horizont erstellte Ranking der Top 200 Agenturen[65] beruht auf der Größe des Gross Income. Das Gross Income ist somit Indikator für den Erfolg und Bekanntheitsgrad einer Agentur, insofern sich diese in den Rankings aufnehmen lässt.

5.2.1.3 Mitarbeiteranzahl/-entwicklung

In dem eben erwähnten Zusammenhang kann ebenso die Mitarbeiteranzahl gebracht werden. Je mehr Mitarbeiter einer Agentur zur Verfügung stehen, desto mehr können einen Kunden individuell betreuen. Hierbei spielt natürlich die Kundenanzahl eine übergeordnete Rolle. Je mehr Kunden, desto weniger zur Verfügung stehende Mitarbeiter, die diese individuell betreuen können. Dies bestätigt die Rechtfertigung vieler kleinerer Agenturen.[66]

---

[66] Vgl. GWA: Top 200 Kommunikationsagenturen, Online-Quellen
[66] Vgl. Ernst & Young, F.A.Z.-Institut (2002), S. 45

5.2.1.4 Kundenanzahl/-struktur

Das Bestehen einer unterschiedlichen Kundenstruktur zeigt alleine schon die angesprochene Vielfalt an Agenturtypen. Die Kundenstruktur reicht vom Handwerk über den Mittelstand bis hin zu international tätigen Konzernen. Dass die Werbetreibenden in diesem Zusammenhang ebenso Erwartungshaltungen gegenüber der Werbeagentur haben, dass diese sich mit ihren Produkten und in ihren Märkten identifizieren sollte, macht die Kundenstruktur einer Werbeagentur zu einem eindeutigen Positionierungskriterium.

5.2.1.5 Agenturkooperationen/-Netzwerkzugehörigkeit

Eine umfassende Betreuung bieten Agentur-Netzwerke. Sie sind in den letzten Jahren durch die Fusionen vieler einzelner Agenturen zu so genannten Lead-Providern der Branche herangewachsen. Diese Netzwerke verfügen über eine Vielzahl an Agenturen weltweit. Die Agentur-Netzwerke sind aus der internationalen Marketingstrategie der Werbetreibenden hervorgegangen. Internationale Marken sollten ein globales Gesicht bekommen und zunehmend international gleichartige Werbung. Die zentrale Markenidee entstand i. d. R. im Heimatland und wurde von den weltweit angehörigen Agenturen adaptiert.[67] Agentur-Netzwerke sind großteils für internationale Kunden tätig und führen die Liste der Top Ten

---

[67] Vgl. Zimmermann, R. (2004), S. 310

Kommunikationsagenturen aufgrund ihres hohen Gross Income an. In diesem Zusammenhang sind ebenso die Agenturen zu nennen, welche auf ein Netzwerk von unabhängigen Agenturen zurückgreifen, um bestimmte Spezialdisziplinen anzubieten. Durch die Kooperation können sie unterschiedliche Leistungen anbieten, diese aber nicht zwingend selbst erstellen und können somit ihr Leistungsspektrum ausbauen, ohne auf eigenes Personal zurückgreifen zu müssen und gehen nicht das Risiko ein, ihre klare Positionierung als Spezialagentur zu verlieren.

5.2.2 Weitere Positionierungskriterien

- Neugeschäft/Akquisition/Kundengewinnungsinstrumente
- Eigenwerbung/-marketing
- Corporate Identity (CI)
- Agenturphilosophie
- Kreativwettbewerbe
- Vergütungsformen/-management

5.2.2.1 Neugeschäft/Akquisition/Kundengewinnungsinstrumente

Des Weiteren wurden die Agenturen nach der Art befragt, wie sie ihr Neugeschäft angehen. Dieses Thema wurde hinsichtlich der Thematik beleuchtet, ob die Agenturen das Neugeschäft strategisch und regelmäßig angehen. Bei der Kundenauswahl muss darauf geachtet werden, dass der Kunde in die bestehende Kundenstruktur passt, einen Kunden zu akquirieren, nur weil er viel Geld bringt, kann für das Geschäft fatal sein.[68] Ebenso wurde die Veränderung der Wichtigkeit des Neugeschäfts gegenüber dem Altgeschäft erfragt. Branchenkenner sprechen hierbei von der Notwendigkeit das Neugeschäft zum wichtigsten aller Kunden zu machen, da es keinen Kunden in der Werbebranche gibt, der immer Kunde bleiben wird.[69] Zusätzlich wurde erfragt, welches die wichtigsten Instrumente zur Kundenakquisition[70] sind.

Dieses Thema wird häufig von größeren Agenturen angesprochen, beispielsweise behaupten diese, dass eine Überschwemmung mit Direct-Mailings oder die telefonische Kontaktaufnahme als verpönt gilt.[71] Hierbei wird schnell klar, dass es beim Aufbau der eigenen Agenturmarke besonders darum geht, dem Kunden eindeutig zu vermitteln weshalb sich eine Zusammenarbeit als rentabel heraus-

---

[68] Vgl. von Matt, J.-R. (1998), S. 27
[69] Vgl. Willing, A. S.; Maubach, U. (1991), S. 5 ff.
[70] Akquise, siehe Glossar
[71] Vgl. Winter, K. (1997), S. 52

stellt und weshalb die Agentur in das „relevant set"[72] des Kunden gehört.

Da es zu dieser Thematik bereits „ausreichend" Literatur gibt, wurde dieses Thema nicht weiter vertieft.

---

[72] relevant set, siehe Glossar

5.2.2.2 Eigenwerbung

Wie betreiben Agenturen ihre Eigenwerbung? Diese Thematik wurde in der Fachpresse sehr häufig angesprochen und die Agenturen dazu bezichtigt, dass sie das Thema gar nicht oder fast nicht berücksichtigen.[73] Dr. Answin Villmar und Christian Seidenabel untersuchen in ihren Büchern Agentur 2000[74] und das Kommunikationsmanagement von Werbeagenturen[75] die Eigenwerbung von Werbe- bzw. Kommunikationsagenturen und analysieren anhand von Studien die Werbemöglichkeiten von Agenturen und deren Nutzungsintensität. Jean-Remy von Matt spricht in seinen „zehn Geboten" für das Werbebusiness: „Werber müssen nicht nur für Kunden werben, sondern auch – und vor allem – für sich selbst. Egal, ob klassische Eigenwerbung in Fachtiteln, witzige Stellengesuche, Events oder Direktmarketingaktionen."[76] In der vorliegenden Arbeit wurde die Frage nach dem Einsatz von Eigenwerbung und nach den eingesetzten Kommunikationsmitteln gestellt, um einen aktuellen Stand der Eigenwerbung zu ermitteln.

---

[73] Vgl. Weber, D. (1997), S. 104-105
[74] Vgl. Vilmar, Answin (1992)
[75] Vgl. Seidenabel, Christian (1998)
[76] Vgl. von Matt, J.-R. (1998), S. 27

5.2.2.3 Corporate Identity

Zum Thema „Die Agentur als Marke", das in der Fachliteratur häufig mit dem Begriff Corporate Identity (CI) in Verbindung gesetzt wird, wurden folgende Kriterien, die sich unter der Markendefinition zusammenfassen lassen und für diese Arbeit als relevant erscheinen erhoben.

In diesem Zusammenhang wird auf die Projektarbeit von Jan Warp verwiesen, die sich unter dem Titel „Die Agentur als Marke" intensiv mit diesem speziellen Bereich der Positionierung auseinandergesetzt hat.[77]

Unter der CI eines Unternehmens versteht man sämtliche Unternehmensaktivitäten, die zur Identifizierung gegenüber der Öffentlichkeit dienen. Diese lassen sich in Verhalten, Kommunikation und Erscheinungsbild des Unternehmens ausdrücken. Des Weiteren wird unter CI die unverwechselbare Persönlichkeit eines Unternehmens, die Selbstverständnis und die Art sich auszudrücken verstanden.[78]

Bei der Erhebung wurde nach der schriftlichen Dokumentation der CI gefragt, da viele Agenturen zwar laut eigener Aussagen eine CI besitzen, diese aber selten konkret und vor allem verständlich definieren bzw. kommunizieren können.[79]

---

[77] Vgl. Warp, J. (2002)
[78] Vgl. Meffert, H. (2000), S. 70
[79] Vgl. Trampe, I. (1997), S. 16

5.2.2.4 Corporate Design

Der Punkt Corporate Design (CD) wurde unter das Thema Eigenwerbung eingegliedert und auch nicht speziell untersucht, da einerseits der Großteil aller Agenturen mittlerweile ein CD besitzt und andererseits dieses Thema bereits in den beiden zuvor erwähnten Büchern, „Agentur 2000" und „Das Kommunikationsmanagement von Werbeagenturen" sowie in der Projektarbeit „Die Agentur als Marke" ausgiebig abgehandelt wurden.

5.2.2.5 Agenturphilosophie

Die Agenturphilosophie, oder auch Corporate Philosophie genannt, ist der Soll-Zustand der Ziele, Normen und Werte, an welchen sich alle Unternehmensgrundsätze orientieren sollen. Hierfür bedarf es der Formulierung von Leitsätzen und Unternehmensgrundsätzen. Leitbilder enthalten allgemeine Aussagen über den Unternehmenszweck, über angestrebte Ziele und Verhaltensweisen. Unternehmensgrundsätze konkretisieren diese Aussagen und liefern praktische Verhaltensgrundsätze.[80] „Wer nicht über seine eigenen Ziele im Klaren ist, kennt den Weg nicht, verzettelt sich, sein Profil verschwimmt ", so Benno Heider in seinem Artikel „Die Marke Agentur braucht Pflege."[81] Unter der Annahme, dass nur Agenturen aufgrund einer eindeutig definierten Philosophie am Markt bestehen können und diese auch als Basis erfolgreicher

---
[80] Vgl. Warp, J. (2002), S. 11
[81] Vgl. Heider, B. (1995), S. 108

Kommunikationsarbeit durch Leistung nach außen tragen, ist die Philosophie auch ein Kriterium zur Positionierung. In einer nicht mehr ganz aktuellen Untersuchung der Zeitschrift absatzwirtschaft ist folgendes Zitat gefallen: „Es wäre Nonsens, eine Agenturphilosophie zu formulieren und mit Wischiwaschi Kampagnen zu arbeiten. Was wir nach außen tragen, müssen wir auch nach innen leben."[82] In diesem Zusammenhang wurden die Agenturen nach der schriftlichen Fixierung Ihrer Philosophie befragt und dazu aufgefordert, diese in kurzen Worten wiederzugeben. Hierbei ist anzumerken, dass die Auswertung der Frage nach der Philosophie lediglich quantitativ bewertet werden kann und nur aufgrund von Stichproben in qualitativer Hinsicht in die Bewertung einfließt.

5.2.2.6 Kreativwettbewerbe

Als bestes Differenzierungsmerkmal bezeichnet Agenturinhaber Frank Eiler Kreativwettbewerbe.[83] Sebastian Turner, Geschäftsführer von Scholz & Friends, behauptet, dass diese Wettbewerbe der eigenen Markenführung dienen und somit als Differenzierungsmerkmal gelten. Jean-Remy von Matt ist hingegen der Meinung, dass Kreativwettbewerbe lediglich der Markenführung in Form von Eitelkeit dienen.[84] Die in dieser Arbeit befragten Agenturen sollten Antwort darauf geben, ob sie an Kreativwettbewerben teilneh-

---

[82] Vgl. o.V. (1985), S. 82
[83] Vgl. Weber, D. (1997), S. 105
[84] Vgl. Grauel, R. (2001)

men, um ein generelles Meinungsbild zu analysieren und so die Notwendigkeit von Kreativwettbewerben als Differenzierungsmerkmal herauszustellen.

5.2.2.7 Vergütungsmanagement

Das Vergütungsmanagement stand lange Zeit für eines der einzigen strategischen Instrumente der Agenturen. Das Abrechnungsverhalten der Agenturen ist in diesem Zusammenhang, eng mit der Bedeutung und Selbstverständnis dem eigenen Produkt gegenüber zu sehen. Es gibt eine Vielzahl an Vergütungsmethoden; in dieser Arbeit wurden vor allem folgende beachtet:

- Erfolgsorientiert
- Festpreis
- Pauschalsätze
- Stundensatz
- nach individueller Preisliste

In der Literatur ist von einem Trend der erfolgsorientierten Abrechnung die Rede. So ist weder Werbemittel noch Dienstleistung, sondern der Erfolg das eigentliche Produkt der Agenturen.[85] Da das Abrechnungs-/Vergütungsmodell in diesem Sinne für die strategische Position der Agenturen steht, wurden die Agenturen hinsichtlich ihrer bevorzugten Vergütungsmodelle befragt.

---

[85] Vgl. Zimmermann, R. (2004), S. 316

5.3 Methodenbeschreibung und Positionierungsuntersuchung

Markt- und Meinungsforschungen lassen sich allgemein definieren als ein systematisches Vorgehen zur Gewinnung von Daten und Informationen über das zu untersuchende Objekt.[86]

Zum Erhalt der Daten und Informationen werden in Markt- und Meinungsforschungen eine Vielzahl an unterschiedlichsten Methoden verwendet. Alle Methoden der Markt-, Meinungs- und Marketingforschung an dieser Stelle zu erläutern, würde den Rahmen dieser Arbeit sprengen. Darum wird auf den folgenden Seiten nur die zum Einsatz gekommenen Methoden erläutert.

In der vorliegenden Arbeit wurde aufgrund des Mangels an sekundären Daten, also an bereits existierenden Daten, fast ausschließlich auf die Methode der Primär-Daten-Erhebung zurückgegriffen.

Folgende Tabelle soll den Ablauf eines Marktforschungsprojektes kurz verdeutlichen:

---

[86] Vgl. Helmig, B., Tscheulin, D. K. (2004), S. 327

1. Formulierung des Problems
2. Erstellung eines Forschungs-Designs

3. Festlegung der Informationsquellen
 	
   a. Primäre Quellen (Informationen werden gezielt für das Projekt erstmals erhoben, anhand einer Umfrage oder einer experimentellen Versuchsanordnung oder auch anhand von Umsatzstatistiken, Schriftwechsel mit Kunden, Reparaturlisten, Lagerbestandsmeldungen, Einkaufspreislisten, etc.) - sog. Primärforschung oder Field Research.
 	
   b. Sekundäre Quellen (Informationen wurden bereits aus einem anderen Anlass erhoben und finden sich etwa in statistischen Jahrbüchern, Berichten der IHK, Bilanzen anderer Unternehmen, Prospekten, Katalogen, Veröffentlichungen wissenschaftlicher Institute, usw.) - sog. Sekundärforschung oder Desk Research.

4. Informationsbeschaffung
5. Datenanalyse und –interpretation
6. Präsentation des Forschungsergebnisses
7. Beratung und Umsetzung

Quelle: Wikipedia.de – Marktforschung, Online-Quellen

Wie bereits zuvor erwähnt wurde die Methode der Primär-Daten-Erhebung für die Untersuchung angewandt.

5.3.1 Ziel der Untersuchung

In Form einer empirischen Erhebung sollten allgemeine Agenturdaten und relevante Faktoren der Agenturpositionierung bei den in Deutschland niedergelassenen Kommunikationsagenturen erfragt und analysiert werden.

5.3.2 Zum Einsatz gekommene Untersuchungsmethoden

Für die Positionierungsuntersuchung wurden vorrangig Methoden der Primärerhebung eingesetzt. Sekundärerhebungen, d. h. Beschaffung bereits vorhandenen Informationsmaterials, stützten ausschließlich die Daten- und Informationssammlung, welche im Vorfeld notwendig gewesen sind. Diese bezogen sich in erster Linie auf die Erstellung des Fragebogens und auf die Gewinnung der Daten zur allgemeinen Entwicklungsgeschichte der Werbe-/Kommunikationsagenturen, den Markt der Werbe-/Kommunikationsagenturen und konnten teilweise aus Literatur- und Fachzeitschriften bezogen werden. Der Großteil der benötigten Informationen zur Erstellung des Fragebogens wurde durch Expertengespräche und im Besonderen durch die Agenturstudie von HERRMANNCONSULITNG (www.herrmann-consulting.de) generiert.

Bei der Marktforschungsuntersuchung vorliegender Thematik sind Vorgehensweisen und Technik an bestimmte Regeln und Vorraussetzungen gebunden. Der Fragebogen wurde in einem Pretests auf seine Verständlichkeit und darauf, ob mit den gestellten Fragen das notwendige Datenmaterial generiert werden kann geprüft. In einem Testlauf, bei dem eine Werbeagentur sowie Experten in diesem Bereich befragt wurden, erfolgte die Überprüfung des Fragebogens auf die zuvor genannten Voraussetzungen.

5.3.3 Untersuchungsdesign

Hinsichtlich des Untersuchungsdesign ist die Erhebung in drei Etappen unterteilt, die jedoch in ihrer Abfolge aufgrund von Eisbrecherfragen[87] variieren.

In der ersten Etappe wurden allgemeine Agenturdaten, wie Gründungsjahr, Mitarbeiteranzahl etc. erfragt, in der zweiten Etappe wurde nach den Spezialisierungen gefragt. In der dritten Etappe wurden Fragen bezüglich des Leistungsangebotes und der existie-

---

[87] Eisbrecherfragen, siehe Glossar

renden Funktionsbereiche gestellt. Die vierte Etappe bestand aus Fragen zu den Kunden und deren für die Positionierung relevanten Faktoren. Des Weiteren wurden zusätzliche Fragen gestellt, welche z. B. die Weiterbildung u. ä. betroffen haben. Diese Fragen bezogen sich auf die Kooperation mit der Fachzeitschrift w&v und HERRMANNCONSULTING.

Die Untersuchung ist ursprünglich als qualitative Untersuchung gedacht gewesen, aufgrund der Kooperationen konnte die Teilnehmerzahl jedoch auf ein Vielfaches gesteigert und die gedachte qualitative Untersuchung zu einer quantitativen, mit „repräsentativem" Querschnitt, verändert werden.[88]

Die Erhebung wurde in Form einer Online-Erhebung durchgeführt. Hierfür erstellte der Verfasser mit Hilfe eines Online-Umfragetools, namens eQuestionnaire™[89], einen Online-Fragebogen.

---

[88] Die Repräsentativität der Erhebung ist aufgrund der zuvor erwähnten Schwierigkeiten im Zusammenhang mit einer Nennung einer genauen Anzahl von Kommunikationsagenturen nur im Bezug auf die im Jahr 2005 im Handelsregister eingetragen Anzahl an Agenturen zu sehen.
[89] eQuestionnaire™: für weitere Infos: http://www.equestionnaire.de

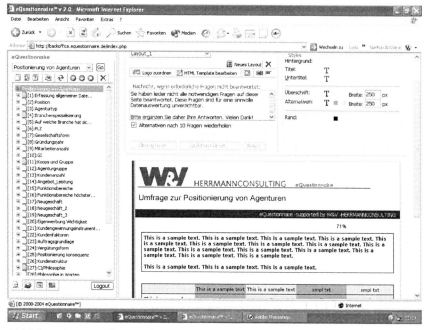

Abbildung 2: Das Online-Umfragetool eQuestionnaire™

Quelle: http://www.equestionaire.de (eigene Darstellung)

Der Fragebogen enthielt 48 Fragen, die je nach Auswahl durch Filtersprünge[90] in ihrer Gesamtanzahl variierten. Es wurden 25 offene Fragen und 23 geschlossene Fragen gestellt. Der Fragebogen wurde durch eine Kooperation mit der Fachzeitschrift w&v, werben und verkaufen, publik gemacht. Hiefür wurde ein redaktioneller Beitrag verfasst, der auf der Startseite der Online-Ausgabe des Printmagazins, innerhalb des w&v- und des <e>market-Newsletter sowie auf der Webseite und innerhalb des Newsletters des ebenso in Kooperation stehenden Unternehmens HERMANN-

---

[90] Filtersprünge, siehe Glossar

CONSULTING veröffentlicht. Zusätzlich wurde durch einen Email-Versand an 705 ausgewählte Agenturen eine Einladung zur Teilnahme an der Erhebung mit einer abgeänderten Fassung des redaktionellen Beitrags verschickt. Ca. 680 Agenturen haben die Einladung empfangen, 25 davon sind nicht zustellbar gewesen. Die angeschriebenen Agenturen wurden durch die freundliche Unterstützung von Herrn Dr. Starck, von Starck-Marketing, und der Webseite medienhandbuch.de ausgewählt. Ziel dabei ist gewesen, einen repräsentativen Querschnitt aller Agenturen in Deutschland zu erreichen. Eine Anmerkung sollte zur Qualität des Querschnittes noch gemacht werden. Herr Prof. Dr. Starck unterstützt Werbetreibende bei ihrer Agenturauswahl in Form einer von ihm generierten Datenbank, die beinahe sämtliche Agenturen, deren Spezialisierung und Referenzen in Deutschland listet. So konnte die Auswahl als repräsentativ gewertet werden. Der redaktionelle Beitrag, die per Email versandte Einladung, die Newsletter sowie Screenshots der Erhebung befinden sich im Anhang.

- Die Webseite der w&v weist monatlich 69.000 PIs[91] auf.

- Der w&v-Newsletter wurde an 45.587 Abonnenten verschickt.

- Der <e>market-Newsletter wurde an 18.989 Abonnenten verschickt

- Der Newsletter der Firma HERRMANN-CONSULTING wurde an 9.000 inhabergeführte Agenturen verschickt.

---

[91] PIs: Pageimpressions, siehe Glossar

Darüber hinaus wurden durch die in Kooperation stehenden Firmen eQuestionnaire, HERRMANN-CONSULTING und w&v, Gewinne im Gesamtwert von 4.259 € zur Verlosung gestiftet, welche die Teilnahme an der Erhebung steigern sollten.

5.3.4 Der Fragebogen

Wie bereits im Abschnitt 5.2.3 erwähnt, enthielt der Fragebogen 46 Fragen, die je nach Auswahl durch Filtersprünge[92] in ihrer Gesamtanzahl variierten. Es wurden 18 offene Fragen und 28 geschlossene Fragen gestellt.

---

[92] Filtersprünge, siehe Glossar

Seite	Frage	Art der Frage	Antwortmöglichkeiten	Filtersprung
1	Arbeiten Sie in einer Agentur?	Geschlossene Fragestellung	Ja, Nein	Ja, bei Auswahl "Nein" zu Seite 34
2	Welche Position nehmen Sie in der Agentur ein?	Geschlossene Fragestellung	Geschäftsführer, leitender Angestellter, Angestellter, freier Mitarbeiter, Azubi/BA-Student, Praktikant/Trainee	Nein
3	Welchem Agenturtyp lässt sich Ihre Agentur zuordnen?	Kombination aus geschlossener und offener Fragestellung	Geschlossene Antwortmöglichkeiten: B2B, B2C, Below-the-Line, Event, Grafik/Design, Full-Service, Internet, Klassisch, Kommunikation, Marketing, Media, PR, Produktion, VKF/POS, keine Angabe offene Antwortmöglichkeiten: Sonstige:	Nein
4	Ist Ihre Agentur auf eine oder mehrere Branchen spezialisiert?	Geschlossene Fragestellung	Ja, Nein	Ja, bei Auswahl "Nein" zu Seite 6

Tab. 1: Fragebogen Nr. 1
Quelle: Eigene Darstellung

Erhebung zur Feststellung der Positionierung von Kommunikationsagenturen in Deutschland

Frageb. Nr.	Seite	Frage	Art der Frage	Antwortmöglichkeiten	Filtersprung
5	5	Auf welche Branche hat sich Ihre Agentur spezialisiert?	Kombination aus geschlossener und offener Fragestellung	Geschlossene Fragestellung: Anlagen- und Maschinenbau, Automobilindustrie, Automobil-Zulieferer, Banken/Finanzdienstleister, Bauindustrie/Bauzulieferer, Chemie, Computer/Software, Einzel-/Versandhandel, Elektro-Industrie, Energie-Wirtschaft, Internet-Wirtschaft, Konsumgüter/Textil, Medien, Nahrungs- und Genussmittel, Pharma, Telekommunikation, Transport, Touristik, Versicherungen, keine Angabe. Offene Fragestellung: Andere:	Nein
6	6	In welchem PLZ-Bereich befindet sich Ihre Agentur?	Geschlossene Fragestellung	0, 1, 2, 3, 4, 5, 6, 7, 8, 9	Nein
7	7	Welche Gesellschaftsform trägt Ihre Agentur?	Geschlossene Fragestellung	AG, Einzelfirma, GbR, GmbH, GmbH & Co. KG, KG, OHG, Partnerschaftsgesellschaft, Sonstige, keine Angabe	Nein
8	8	vor wie vielen Jahren wurde Ihre Agentur gegründet?	Geschlossene Fragestellung	1-2 Jahre, 2-5 Jahre, 5-10 Jahre, 10-15 Jahre, 15-20 Jahre, >20 Jahre	Nein

Tab. 2 Fragebogen Nr. 2
Quelle: Eigene Darstellung

Frage Nr.	Seite	Frage	Art der Frage	Antwortmöglichkeiten	Filtersprung
9	9	Wie viele Mitarbeiter beschäftigt Ihre Agentur?	Offene Fragestellung		Nein
10	9	Wie viele Mitarbeiter wurden seit 2003 angestellt?	Offene Fragestellung		Nein
11	9	Wie viele Mitarbeiter wurden seit 2003 entlassen?	Offene Fragestellung		Nein
12	10	Wie hoch ist das Gross Income Ihrer Agentur im Jahr 2004 gewesen?	Geschlossene Fragestellung	<100 100-500 500-1.000 1.000-3.000 3.000-10.000 >10.000	Nein
13	11	Geht Ihre Agentur Kooperationen ein?	Geschlossene Fragestellung	Ja, Nein	Nein
14	11	Gehört Ihre Agentur einer Agenturgruppe/-Netzwerk an?	Geschlossene Fragestellung	Ja, Nein	Ja, bei Auswahl "Nein" zu Seite 13
15	12	In welchen Ländern ist Ihre Agentur tätig?	Geschlossene Fragestellung	Deeutschland DACH Europa Weltweit Keine Angabe	Nein
16	13	Wie viele Kunden betreut Ihre Agentur?	Offene Fragestellung		Nein
17	14	Welche Leistungen bietet Ihre Agentur an?	Geschlossene Fragestellung	Event Grafik/Design Internet/Programmierung Marketing-Kommunikations-Beratung Produktion Konzeption VKF/POS	Nein
18	14	Welche sonstigen Leistungen bietet Ihre Agentur an?	Offene Fragestellung		Nein
19	15	Welche Funktionsbereiche existieren in Ihrer Agentur?	Geschlossene Fragestellung	Kundenberatung Konzeption Kreation Text Grafik/Design Satz/Reinzeichnung Internet/Programmierung Produktion/Traffic Mediaabteilung Mafo-Abteilung Call-Center Projektmanagement Controlling/Buchhaltung	Nein
20	15	Welche sonstigen Funktionsbereich existieren in Ihrer Agentur?	Offene Fragestellung		Nein

Tab. 3: Fragebogen Nr. 3
Quelle: Eigene Darstellung

Erhebung zur Feststellung der Positionierung von Kommunikationsagenturen in Deutschland

Frage Nr.	Seite	Frage	Art der Frage	Antwortmöglichkeiten	Filtersprung
21	16	In welchen Funktionsbereichen erzielt Ihre Agentur die höchsten Umsätze? (Bitte geben Sie max. drei Bereiche mit dem höchsten Umsatz an)	Geschlossene Fragestellung	Kundenberatung Konzeption Kreation Text Grafik/Design Satz/Reinzeichnung Internet/Programmierung Produktion/Traffic Mediaabteilung Mafo-Abteilung Call-Center Projektmanagement Controlling/Buchhaltung Sonstige (von Ihnen zuvor genannt)	Nein
22	17	Betreibt Ihre Agentur ein regelmäßiges, strategisches Neugeschäft?	Geschlossene Fragestellung	Ja Nein	Nein
23	17	Versucht Ihre Agentur, Kunden aus neuen Branchen zu akquirieren?	Geschlossene Fragestellung	Ja Nein	Nein
24	18	Welche Akquiseformen kommen bei Ihnen am häufigsten bzw. gar nicht zum Einsatz? (Bitte ordnen Sie die Akquiseformen Ihrer entsprechen Einsatzhäufigkeit zu)	Geschlossene Fragestellung	Telefonische Ansprach ohne vorherigen Kontakt Pflege/gezielter Ausbau des persönlichen Beziehungsnetzwerks PR Vorträge Seminare Externe Berater/Vermittler Direct-Mailings	Nein
25	18	Welche sonstigen Akquiseformen kommen bei Ihnen zum Einsatz?	Offene Fragestellung		Nein
26	19	Nimmt die Wichtigkeit des Neugeschäfts gegenüber dem Altgeschäft eher ab oder zu?	Geschlossene Fragestellung	Nimmt ab Nimmt eher ab Status quo Nimmt eher zu Nimmt zu	Nein
27	20	Wie wichtig schätzen Sie das Thema Eigenwerbung/-marketing ein?	Geschlossene Fragestellung	Nicht wichtig Weniger wichtig Keine Ahnung Wichtig Sehr wichtig	Nein
28	20	Wie häufig arbeiten Sie an Ihrer Eigenwerbung?	Geschlossene Fragestellung	Gar nicht Fast nicht Ab und an Häufig Sehr häufig	Nein

Tab. 4: Fragebogen Nr. 4
Quelle: Eigene Darstellung

Frage Nr.	Seite	Frage	Art der Frage	Antwortmöglichkeiten	Filtersprung
29	21	Welches sind Ihrer Meinung nach die wichtigsten Instrumente zur Neukundengewinnung?	Geschlossene Fragestellung	Persönliche Kontakte, Empfehlungen, Networking, Externe Berater/Vermittler, Imagebroschüre, Online-Auftritt, Außenwerbung, Anzeigen, Stellenanzeigen, Newsletter, Mailings, Sponsoring, PR, Case Studies, Messe Auftritte, Wettbewerbe	Nein
30	21	Welche, zuvor nicht genannten Instrumente zur Neukundengewinnung sind Ihrer Meinung nach noch relevant?	Offene Fragestellung		Nein
31	22	Gewichten Sie die Faktoren, die für Ihre Kunden ausschlaggebend bei der Wahl einer Agentur sind: Preis-Leistungs-Verhältnis, Qualität der erbrachten Leistung, Qualität der mit dem Etat befassten Mitarbeiter, Branchen-Know how, Empfehlungen, Agentur-Kunden Verhältnis, Pünktlichkeit, Zuverlässigkeit/Loyalität, Beratungsqualität, Wirtschaftliche Stabilität der Agentur, Kostenbewusstsein der Agentur, Bandbreite der Agentur Services, Güte des Mithewerbers, Kundens	Geschlossene Fragestellung	Nicht wichtig, Normal, Wichtig, Sehr wichtig	Nein
32	22	Gibt es weitere Faktoren, die Ihrer Meinung nach wichtiger als die zuvor genannten sind?	Offene Fragestellung		Nein
33	23	Gewichten Sie bitte folgende Auftragsgrundlagen nach der anfallenden Häufigkeit in Ihrer Agentur: Vertrag/Etat, Rahmenvertrag, Quasi-Vertrag, einzelne Projekte	Geschlossene Fragestellung	nie, selten, häufig, sehr häufig	Nein
34	23	Wie setzt sich die Dauer der Kundenbindung bei Ihrer Agentur zusammen? Neukunden (Kundenbindungsdauer < 1 Jahr), 1-3 Jahre, 3-5 Jahre, >5 Jahre	Geschlossene Fragestellung	nie, fast nie, häufiger, am häufigsten	Nein
35	23	Wieviele Kunden hat Ihre Agentur seit 2003 gewonnen?	Offene Fragestellung		Nein
36	23	Wieviele Kunden hat Ihre Agentur seit 2003 verloren?	Offene Fragestellung		Nein
37	24	Welche Vergütungsformen bevorzugt Ihre Agentur?	Geschlossene Fragestellung	Erfolgsorientert, Festpreise, nach individueller Preisliste, Keine Angabe	Nein
38	24	Welche sonstigen Vergütungsformen gibt es in Ihrer Agentur?	Offene Fragestellung		Nein

Tab. 5: Fragebogen Nr. 5
Quelle: Eigene Darstellung

Erhebung zur Feststellung der Positionierung von Kommunikationsagenturen in Deutschland

Frage Nr.	Seite	Frage	Art der Frage	Antwortmöglichkeiten	Filterführung
39	25	Sehen Sie die Positionierung Ihrer Agentur konsequent verfolgt?	Geschlossene Fragestellung	nicht konsequent, weniger konsequent, relativ konsequent, konsequent	Nein
40	26	Wieviel Prozent der Kunden Ihrer Agentur sind: Internationale Konzerne, Nationale Konzerne, aus dem Mittelstand, aus dem Handwerk, aus dem öffentlichen Dienst, Verbände/Institutionen	Offene Fragestellung		Nein
41	27	Ist Ihre CI schriftlich dokumentiert?	Geschlossene Fragestellung	Ja, Nein	Nein
42	27	Besitzt Ihre Agentur eine schriftlich dokumentierte Philosophie	Geschlossene Fragestellung	Ja, Nein	Ja, bei Auswahl "Nein" zu Seite 29
43	28	Bitte beschreiben Sie Ihre Philosophie in kurzen Worten:	Offene Fragestellung		Nein
44	29	Welche Verkaufsargumente sind ausschlaggebend für die Positionierung Ihrer Agentur.			Nein
45	30	Nimmt Ihre Agentur an Kreativwettbewerben teil?	Geschlossene Fragestellung	Ja, Nein	Nein
46	31	Wie halten Sie sich up-to-date?	Kombination aus geschlossener und offener Fragestellung	Geschlossene Fragestellung: Absatzwirtschaft, Akquisa, Horizont, Kontakter, w&v, Markenartikel, New Business, Fachbücher, Kongresse, Seminare. Offen Fragestellung: Sonstige.	
	32	Bitte geben Sie Ihre Kontaktdaten an, wenn Sie an der Verlosung teilnehmen möchten: Name, Vorname, Email, Firma			
	33	Dankeseite, Sponsoren-Logos, Kontaktdaten			
	34	Weiterleitung auf Webseite der Berufsakademie Fachbereich Medien- und Kommunikationswirtschaft/Überzeug. Vielen Dank für Ihre Teilnahme. Leider passen Sie nicht in das von mir handelnde Zielgruppe.			

Tab. 6: Fragebogen Nr. 6
Quelle: Eigene Darstellung

5.4 Die Durchführung der Erhebung

Die Erhebung wurde am 31.05.2005, mit der Veröffentlichung des redaktionellen Beitrages auf der Webseite sowie dem Newsletter der w&v gestartet. Die Einladung per Email sowie die Newsletter der anderen Kooperationspartner wurden im Laufe der Durchführung, zur Erhöhung der Teilnahme, versandt. Die Erhebung endete am 9. Juni 2005.

An der Erhebung beteiligten sich 547 Personen. Zu Beginn der Erhebung wurde mit Hilfe eines Filtersprungs abgeglichen, ob die Teilnehmer in einer Agentur tätig sind, um die Ergebnisse nicht zu verfälschen. Von den 547 Teilnehmern beantworteten 398 Teilnehmer diese Frage mit „Ja", 27 Teilnehmer mit „Nein". 123 Teilnehmer brachen die Erhebung auf den ersten Seiten ab. Die mittlere Beantwortungszeit lag bei 17 Minuten (0:17:25), welche die in Pretests ermittelte und während der Erhebung angegebene Zeit um 7,25 Minuten überschritt. Was jedoch auf die Beantwortung der Erhebung als Nebentätigkeit zurückzuführen sein dürfte.

Im folgenden Abschnitt werden die in Abschnitt 5.1 erwähnten Positionierungsfaktoren gegenüber den erhobenen gestellt. An dieser Stelle sollte erwähnt werden, dass diese Arbeit nicht den Anspruch erhebt, aus den bereits vorhandenen Büchern, die sich mit einer ähnlichen Thematik befassen, ein Weiteres zu schreiben. Diese Arbeit soll den aktuellen Stand der Positionierung der deutschen Kommunikationsagenturen ermitteln und Anreiz für diejenigen Agenturen sein, die das Bedürfnis haben, ihre Positionierung neu zu überdenken oder erstmalig zu definieren. Des Weiteren soll herausgestellt werden, anhand welcher Kriterien eine Positionierung bei Kommunikationsagenturen möglich ist.

6 Auswertung der Erhebung

Zur Auswertung der gewonnen Daten, zur verständlichen Darstellung und zur Verdeutlichung der Beurteilungskriterien sowie deren Ausprägungen wurden Diagramme aus den gewonnenen Daten erstellt. Die gewonnenen Diagramme wurden teilweise miteinander verglichen, so dass die unterschiedlichen Positionierungsformen sowie –kriterien auf ihre Qualität hin beurteilt werden konnten.

Da es den Rahmen dieser Arbeit sprengen würde, können leider nicht sämtliche gewonnenen Daten und Analysen, die nach Beendigung der Erhebung erstellt wurden aufgenommen werden.

6.1 Allgemeine Agenturdaten

Im folgenden Abschnitt sollen die allgemeinen Daten der befragten Agenturen dargestellt und ausgewertet werden. Im Abschnitt 6.2 werden die für die Positionierung relevanten Kriterien analysiert und dargestellt.

6.1.1 Position der Befragungsteilnehmer

In der zweiten Frage wurde die Qualität der Antworten durch die Abfrage der Position, der Teilnehmer innerhalb der Agentur, überprüft.

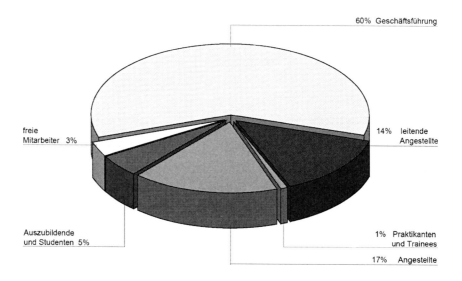

Abbildung 3: Position der Befragungsteilnehmer
Quelle: Eigene Darstellung

60 Prozent der Befragten nehmen die Position des Geschäftsführers ein. 14 Prozent sind leitende Angestellte, 17 Prozent Angestellte, 5 Prozent Auszubildende und BA-Studenten, 3 Prozent freie Mitarbeiter und 1 Prozent Praktikanten sowie Trainees[93].

---

[93] Trainees, siehe Glossar

6.1.2 Agenturtyp

Die Personen wurden nach der Kategorisierung des Typs ihrer Agentur befragt. Hierbei standen, wie bereits in 5.2.1.1 erwähnt, folgenden Agenturtypen zur Auswahl:

- Below-the-Line-Agenturen
- B2B-Agenturen
- Event-Agenturen
- Full-Service-Agenturen
- Grafik/Design-Agenturen
- Internet-Agenturen
- Klassische Werbeagenturen
- Marketing-Kommunikations-Beratungs-Agenturen
- Media-Agenturen
- PR-Agenturen
- Produktions-Agenturen
- VKF/POS-Agenturen

Bei der Befragung ist beabsichtigt gewesen, dass jeder Teilnehmer einen Agenturtyp wählt und diesen mit den zur Verfügung stehenden Spezialisierungsformen B2B und B2C ergänzt.

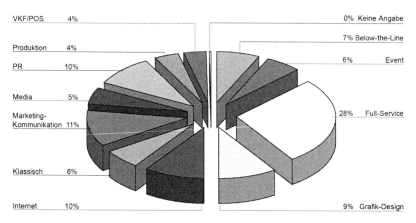

Abbildung 4: Prozentuale Verteilung der erfassten Agenturtypen
Quelle: Eigene Darstellung

Die Mehrheit der erfassten Agenturen sind Full-Service-Agenturen, diese dominieren mit 28 Prozent. Es folgt der Agenturtyp Marketing-Kommunikations-Beratungs-Agentur mit 11 Prozent, was die bereits erwähnte Transformation der Werbeagenturen zu den Kommunikationsagenturen unterstreicht. Werbeagenturen begreifen sich als Kommunikationsberater im gesamten Spektrum des Marketings und beraten Werbetreibende beim Prozess der integrierten Kommunikation. Es folgen PR- sowie Internet-Agenturen mit jeweils 10 Prozent, 9 Prozent belegen Grafik/Design-Agenturen. 7 Prozent entfallen auf Below-the-Line Agenturen und 6 Prozent auf die Klassischen. Mit 5 Prozent sind Media-Agenturen vertreten und jeweils 4 Prozent entfallen auf Produktions- sowie VKF-/POS-Agenturen.

Auswertung der Erhebung 87

An dieser Stelle kann bereits erwähnt werden, dass es dem Großteil der Teilnehmer nicht gelungen ist, sich auf einen Agenturtyp zu beschränken. Auf diese Feststellung wird später näher eingegangen.

6.1.3 PLZ-Gebiete

Es ergab sich folgende Zuordnung der Agenturen zu den angegebenen Postleitzahlengebieten:

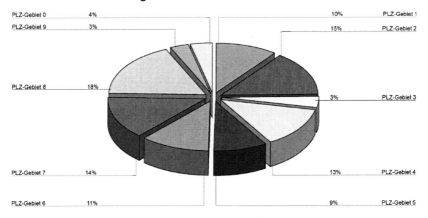

Abbildung 5: Verteilung nach PLZ-Gebiete der befragten Agenturen
Quelle: Eigene Darstellung

Mit 14 Prozent ist das PLZ-Gebiet 8 am stärksten vertreten. Mit 15 und 14 Prozent folgt der PLZ-Bereich 2 und 7. Der PLZ-Bereich 4 ist mit 13 Prozent und PLZ-Gebiet 1 mit 10 Prozent vertreten. Weit abgeschlagen, mit 4 Prozent, ist der PLZ-Bereich 0 und mit jeweils 3 Prozent die Agenturen aus den PLZ-Gebieten 3 und 9.

An dieser Stelle kann bereits erwähnt werden, dass die Agenturen mit dem höchsten Umsatz in den beiden PLZ-Gebieten 2 und 8 zu finden sind.

6.1.4 Altersklassen

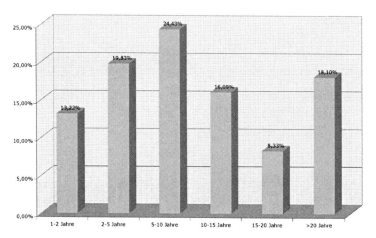

Abbildung 6: Altersklassen der befragten Agenturen
Quelle: Eigene Darstellung

Beachtliche 18 Prozent sind älter als 20 Jahre. Die „Jüngeren" aber überwiegen. Der größte Block sind Agenturen, die seit 5-10 Jahren bestehen. Der zweitgrößte Teil besteht seit 2-5 Jahren. Die Agenturen zwischen 15-20 Jahren sind mit 8,33 Prozent deutlich unterrepräsentiert, hier könnte eine Vermutung geäußert werden, dass i. d. R. nach 10-15 Jahren ein Generationswechsel vollzogen wird und diesen die wenigsten Agenturen erfolgreich vollziehen.

6.1.5 Gesellschaftsformen

Die GmbH ist eindeutig, mit 56,34 Prozent, die Hauptgesellschaftsform der befragten Agenturen, am zweithäufigsten wurde die Einzelfirma genannt. Immerhin 19 AGs haben sich an der Studie beteiligt.

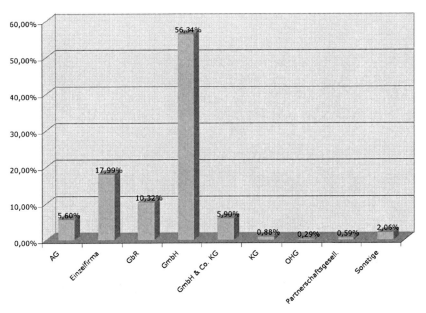

Abbildung 7: Gesellschaftsformen
Quelle: Eigene Darstellung

6.1.6 Gross-Income-Klassen

Grundlage war das Gross Income der Agenturen.

Den größten Anteil mit 39,92 Prozent bildeten hierbei die Agenturen mit einem Gross Income von < 100.000 €.

29 Agenturen haben ein Gross Income von 10.000.000 € und mehr.

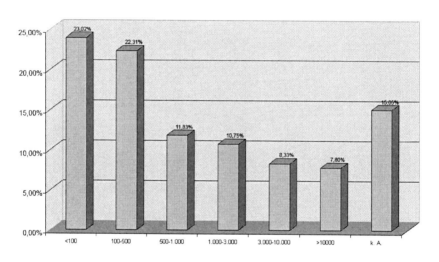

Abbildung 8: Gross-Income-Verteilung der befragten Agenturen, in Tsd. €
Quelle: Eigene Darstellung

Auswertung der Erhebung

6.1.7 Mitarbeitergrößenklassen

Nach der Anzahl der Mitarbeiter im Juni 2005 befragt, ergeben sich folgenden Unterteilungen der Agenturen:

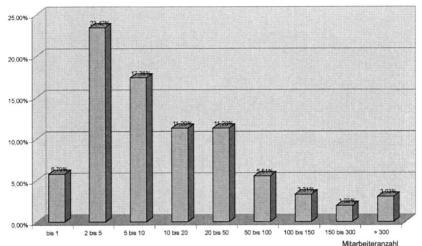

Abbildung 9: Mitarbeitergrößenklassen
Quelle: Eigene Darstellung

Den größten Anteil mit beinahe 25 Prozent bilden Agenturen, die 2 bis 5 Mitarbeiter beschäftigen. 17,36 Prozent der befragten Agenturen beschäftigen 5-10 Mitarbeiter. Gleichauf mit einer Prozentzahl von 11,2 sind Agenturen, die 10-20 und 20-50 Mitarbeiter angestellt haben. 3 Prozent beschäftigen 300 und mehr Mitarbeiter.

36 Agenturen beschäftigen über 100 Mitarbeiter. Somit ergibt sich eine durchschnittliche Mitarbeiteranzahl von ca. 10 Mitarbeitern je Agentur.

6.1.8 Mitarbeiterentwicklung 2003-2004

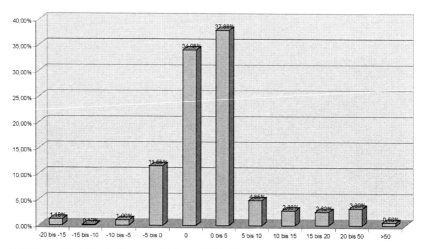

Abbildung 10: Mitarbeiterentwicklung 2003-2004
Quelle: Eigene Darstellung

Im Durchschnitt ist die Anzahl der fest angestellten Mitarbeiter aller befragten Agenturen gleich geblieben. 37,86 Prozent haben bis zu 5 Mitarbeiter neu angestellt, 13,66 Prozent haben zwischen 0 und 5 Mitarbeiter entlassen.

Im Folgenden befinden sich die Auswertungen zur Mitarbeiteranstellung sowie zur -entlassung.

Auswertung der Erhebung

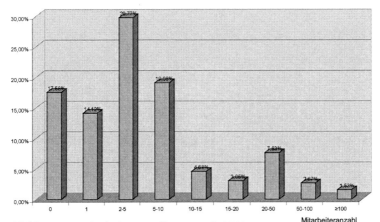

Abbildung 11: Mitarbeiteranstellungen seit 2003
Quelle: Eigene Darstellung

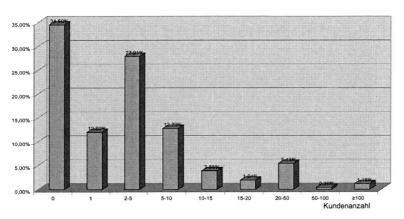

Abbildung 12: Mitarbeiterentlassungen seit 2003
Quelle: Eigene Darstellung

Der Großteil der Agenturen, 29,77 Prozent, hat im Zeitraum von 2003-2005 2-5 Mitarbeiter angestellt. Mit 34,5 Prozent ist die Anzahl der Agenturen, die keine Mitarbeiter entlassen haben am höchsten. 2-5 Mitarbeiter wurden von ca. 27 Prozent entlassen. Das Verhältnis hierbei liegt im Trend der im Durchschnitt gleich bleibenden Mitarbeiteranzahl.

6.1.9 Kundenanzahl/-entwicklung/-struktur/-bindung

Im Folgenden die Auswertungen der Kundenanzahl, -entwicklung, -struktur sowie die Kundenbindungsdauer der befragten Agenturen.

Auswertung der Erhebung 95

6.1.9.1 Kundenanzahl

Die meisten der befragten Agenturen – 32,25 Prozent - betreuen zwischen 10 und 20 Kunden. 20 bis 50 Kunden betreut 30,07 Prozent der Agenturen. Eine Anzahl von 1-10 betreuten Kunden wird von 24,18 Prozent der befragten Agenturen angegeben. Weit abgeschlagen und somit durchaus repräsentativ, wird eine Anzahl von 100-500 betreuten Kunden von insgesamt 5,39 Prozent der Agenturen genannt. Die durchschnittliche Anzahl der Kunden beträgt 15.

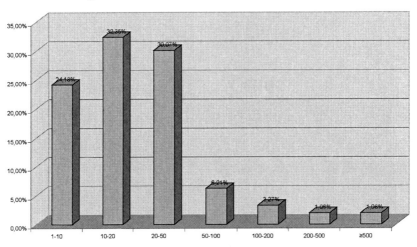

Abbildung 13: Durchschnittliche Kundenanzahl
Quelle: Eigene Darstellung

6.1.9.2 Kundenentwicklung

Der größte Teil, 52,29 Prozent, der befragten Agenturen hat 3-10 Kunden seit 2003 dazu gewonnen. Die durchschnittliche Anzahl der gewonnenen Kunden beträgt 6. 22 Agenturen haben eine Kundenanzahl von über 100 dazu gewinnen können, die sich vermutlich auf Neugründungen zurückführen lassen.

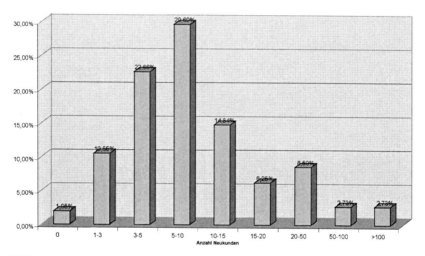

Abbildung 14: Kundengewinnung seit 2003
Quelle: Eigene Darstellung

Auswertung der Erhebung 97

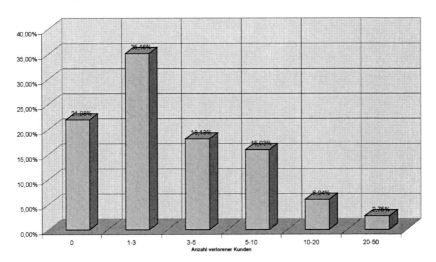

Abbildung 15: Kundenverlust seit 2003
Quelle: Eigene Darstellung

Die durchschnittliche Anzahl der verlorenen Kunden befragter Agenturen beträgt 2. 7 der befragten Agenturen haben über 10 Kunden verloren. Beachtliche 40 Agenturen geben an, dass sie innerhalb dieses Zeitraums keinen Kundenschwund zu beklagen hatten, bzw. hat sich dieser durch Neukunden und verlorenen Kunden ausgeglichen.

6.1.9.3 Kundenbindungsdauer

Die Agenturen wurden nach der bei ihnen am seltensten bzw. häufigsten vorkommenden Kundenbindungsdauer gefragt.

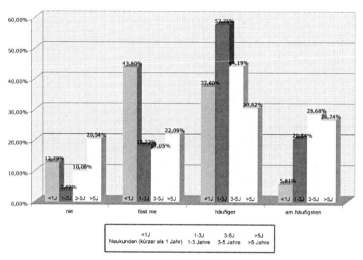

Abbildung 16: Kundenbindungsdauer
Quelle: Eigene Darstellung

Am häufigsten kommt bei den befragten Agenturen eine Kundenbindungsdauer von 3-5 Jahren, häufiger eine Kundenbindungsdauer von 1-3 Jahren vor, fast nie eine Kundenbindungsdauer von unter einem Jahr. Bei der Frage, welche Kundenbindungsdauer nie bei den Agenturen vorkommt, wurde die Bindungsdauer von über 5 Jahren am häufigsten ausgewählt.

Auswertung der Erhebung 99

6.1.9.4 Kundenstruktur

Die Agenturen sollten die prozentuale Verteilung der Kundenarten in ihrer Agentur angeben. Deutlich dominierend ist der Mittelstand, mit durchschnittlichen 37 Prozent der Agenturkunden. Nachfolgend mit 26 und 17 Prozent internationale Konzerne und nationale Konzerne. Eine eher untergeordnete Rolle spielen der öffentliche Dienst, mit 9 Prozent, sowie das Handwerk mit 5 Prozent. Der Grund für diese untergeordnete Rolle dürfte gerade beim Handwerk wegen der geringen Budgets zu suchen sein. Hierbei wäre es erwägenswert, gerade auch Verbände und Institutionen in die Akquisition mit aufzunehmen, da diese i. d. R. durchaus hohe Budgets zu vergeben haben und mit gerade einmal 9 Prozent noch nicht so stark im Visier der Neugeschäftsjäger stehen.

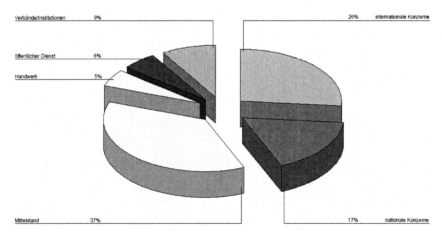

Abbildung 17: Kundenstruktur aller Agenturen
Quelle: Eigene Darstellung

6.1.9.4.1 Kundenstruktur nach Agenturtyp

Below-the-Line-Agenturen machen größtenteils mit internationalen und nationalen Kunden ihre Geschäfte. Full-Service-Agenturen dominieren stark beim Mittelstand und im Handwerk, bei nationalen Konzernen belegen sie den zweiten Platz. Weniger stark ausgeprägt sind die internationalen Konzerne, diese greifen immer mehr auf Below-the-Line-Maßnahmen zurück. Bei den Event-Agenturen stehen hauptsächlich internationale Konzerne in der Kartei. Grafik/Design-, PR- und VKF/POS-Agenturen haben hauptsächlich mittelständische Kundschaft.

Auswertung der Erhebung 101

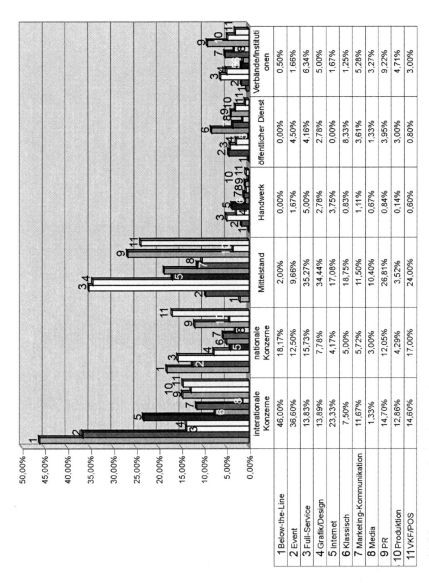

	interationale Konzerne	nationale Konzerne	Mittelstand	Handwerk	öffentlicher Dienst	Verbände/Instituti onen
1 Below-the-Line	46,00%	18,17%	2,00%	0,00%	0,00%	0,50%
2 Event	36,60%	12,50%	9,66%	1,67%	4,50%	1,66%
3 Full-Service	13,83%	15,73%	35,27%	5,00%	4,16%	6,34%
4 Grafik/Design	13,89%	7,78%	34,44%	2,78%	2,78%	5,00%
5 Internet	23,33%	4,17%	17,08%	3,75%	0,00%	1,67%
6 Klassisch	7,50%	5,00%	18,75%	0,83%	8,33%	1,25%
7 Marketing-Kommunikation	11,67%	5,72%	11,50%	1,11%	3,61%	5,28%
8 Media	1,33%	3,00%	10,40%	0,67%	1,33%	3,27%
9 PR	14,70%	12,05%	26,81%	0,84%	3,95%	9,22%
10 Produktion	12,86%	4,29%	3,52%	0,14%	3,00%	4,71%
11 VKF/POS	14,60%	17,00%	24,00%	0,60%	0,80%	3,00%

Abbildung 18: Kundenstruktur nach Agenturtyp
Quelle: Eigene Darstellung

6.1.10 Agenturkooperationen

73 Prozent der Agenturen gehen Kooperationen ein.

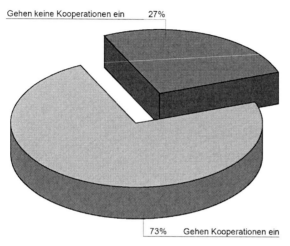

Abbildung 19: Prozentualer Anteil der Agenturen, die Kooperationen eingehen
Quelle: Eigene Darstellung

Daraus lässt sich deuten, dass die Agenturen mittlerweile auf Outsourcing-Möglichkeiten zurückgreifen. Laut Mitarbeiterentwicklung lässt sich daraus aber nicht zwingend schließen, dass Kooperationen aufgrund des Kostendrucks in Bezug auf die Personalentlassungen zu Stande gekommen sind. Vielmehr dürfte der Grund hierbei im überwiegenden Full-Service-Gedanken zu suchen sein.

Auswertung der Erhebung 103

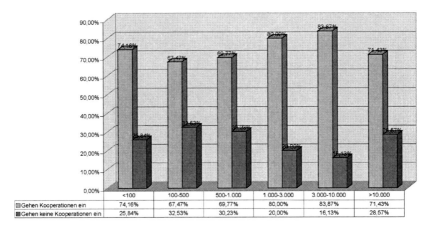

Abbildung 20: Agenturkooperationen nach GI-Verteilung
Quelle: Eigene Darstellung

Eine Korrelation zwischen Einbindung in ein Netzwerk und Umsatzentwicklung ist nicht nachzuweisen. Somit bleibt die Frage offen, ob Agenturen mit Kooperationen in Krisenzeiten sich erfolgreicher präsentieren als Einzelkämpfer.

Nach der Zugehörigkeit zu einer Agenturgruppe, beantworteten 15 Prozent der befragten Agenturen die Frage mit „Ja".

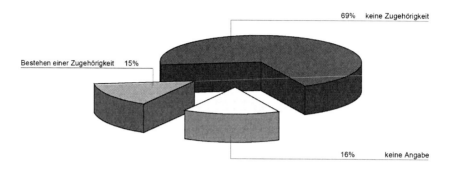

Abbildung 21: Agenturgruppenzugehörigkeit
Quelle: Eigene Darstellung

Je höher der Gross Income, desto eher gehören Agenturen einer Gruppe an. Was wiederum von den Rankings der Werbebranche unterstrichen wird. Wie bereits in Kapitel 3.4 beschrieben.

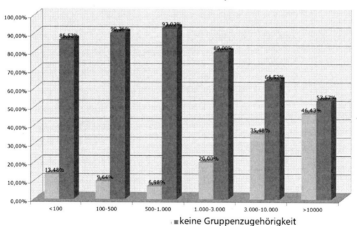

Abbildung 22: Agenturgruppenzugehörigkeit nach GI-Klassen
Quelle: Eigene Darstellung

Auswertung der Erhebung 105

6.2 Auswertung der speziellen Positionierungskriterien

In diesem Abschnitt sollen die Kriterien hervorgehoben werden, welche im Besonderen von Interesse sind. Im Folgenden wird die Wahl der Teilnehmer des Agenturtyps näher betrachtet.

6.2.1 Agenturtyp

Wie bereits zuvor in Abschnitt 6.1.2 erwähnt, ist es dem Großteil der Teilnehmer nicht gelungen, sich auf einen Agenturtyp zu beschränken. Insgesamt haben sich 39 Prozent aller Teilnehmer bei der Wahl des Agenturtyps auf einen einzigen festlegen können. 61 Prozent ist dies nicht gelungen. Hierbei spielten die Auswahlkriterien B2B und B2C keine Rolle und wurden nicht als einzelner Agenturtyp betrachtet, sondern als Spezialisierungsform.

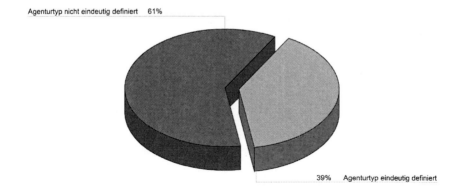

Abbildung 23: Agenturtyp eindeutig/nicht eindeutig definiert
Quelle: Eigene Darstellung

Bei der näheren Betrachtung der bereits zuvor angesprochenen Kriterien von eindeutigem und nicht eindeutig definiertem Agenturtyp, spiegelt sich der Trend zur Full-Service-Agentur wieder. Mit insgesamt 63 eindeutigen Nennungen ist dieser absolut dominierend und für die Teilnehmer der Erhebung am ehesten definierbar. Dies liegt einerseits an der Anzahl von Full-Service-Agenturen, insgesamt (eindeutig und nicht eindeutig definierte) 163, welche an der Erhebung teilgenommen haben und andererseits daran, dass sich Full-Service-Agenturen nicht damit verzetteln, dass sie noch ein oder zwei weitere Leistungen anbieten möchten und dadurch ihre Positionierung unklar wird. Jedoch bieten diese Agenturen bereits alle Leistungen an und haben, insofern keine Branchen- oder Produktspezialisierung vorliegt, keine wirklich eindeutige Stellung am Markt.

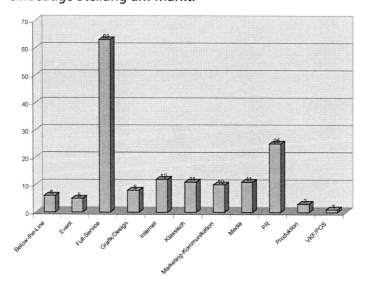

Abbildung 24: Eindeutige Definition des Agenturtyps
Quelle: Eigene Darstellung

Auswertung der Erhebung

An zweiter Stelle positionieren sich die PR-Agenturen, mit 25 Nennungen, am eindeutigsten. An dritter Stelle mit 12 eindeutigen Nennungen, die Internet-Agenturen. Die klare Positionierung der PR-Agenturen lässt sich vermutlich auf die Konzentration auf ein Kommunikationsinstrument und dem Versuch nicht durch eine Vielzahl verschiedener Leistungen mehr Umsatz zu generieren zurückführen. Somit wir das Profil der PR-Agenturen am geringsten verwischt. Aber auch bei den PR-Agenturen gibt es Ausreißer.

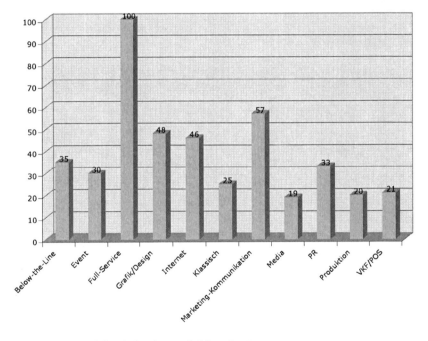

Abbildung 25: Nicht eindeutige Definition des Agenturtyps
Quelle: Eigene Darstellung

Hier kann bereits angemerkt werden, dass sich ein Großteil der Agenturen anscheinend nicht ganz im Klaren über ihre Haupttätigkeiten ist und damit ihre Positionierung vor allem nach außen unklar kommuniziert.

In der folgenden Auswertung wurden die einzelnen Leistungsbereiche der Agenturen erfasst und abschließend mit dem jeweilig gewählten Agenturtypen abgeglichen.

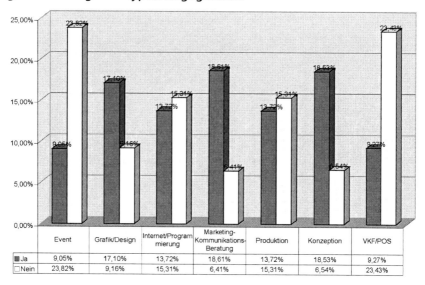

Abbildung 26: Leistungsbereiche
Quelle: Eigene Darstellung

Spitzenreiter ist die Marketing-Kommunikations-Beratung, die rund 19 Prozent aller Agenturen anbieten. Worin sich der Trend zur integrierten Kommunikation der Branche widerspiegelt. Gleichauf, mit 0,01 Prozent schwächer, die Konzeption. Produktionstätigkeiten sowie Internet/Programmierung werden zunehmend ausgelagert, diese bieten bereits jetzt nur noch 13 Prozent der befragten Agenturen an. VKF/POS- und Event-Tätigkeiten lassen sich auf die jeweiligen VKF/POS- und Event-Agenturen zurückführen, diese werden von den anderen Agenturen nur selten angeboten. Der Rest der Stimmen sind jeweils Enthaltungen.

Im Folgenden wurden die Leistungsbereiche nach nicht eindeutig und eindeutig definiertem Agenturtypen verteilt. Es ergibt sich ein ähnliches Bild wie bereits bei der generellen Auswertung des Agenturtyps. Diejenigen Agenturen, die ihren Agenturtyp nicht eindeutig festgelegt haben bieten auch dementsprechend alles an oder wollen es zumindest. Ein klares Leistungsangebot der jeweiligen Agenturtypen lässt sich auch hier nicht erkennen.
Ein transparenter Leistungsumfang ergibt sich hingegen bei den eindeutig definierten Agenturtypen. Hierbei ist der Leistungsumfang des jeweiligen Agenturtyps ersichtlicher.

110 Auswertung der Erhebung

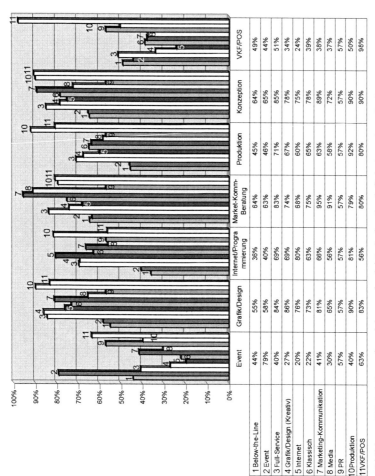

	Event	Grafik/Design	Internet/Programmierung	Market-Komm-Beratung	Produktion	Konzeption	VKF/POS
1 Below-the-Line	44%	55%	36%	64%	45%	64%	49%
2 Event	79%	58%	40%	63%	46%	65%	44%
3 Full-Service	40%	84%	69%	83%	71%	85%	51%
4 Grafik/Design (Kreativ)	27%	86%	69%	74%	67%	78%	34%
5 Internet	20%	76%	80%	68%	60%	75%	24%
6 Klassisch	22%	73%	63%	75%	65%	78%	39%
7 Marketing-Kommunikation	41%	81%	66%	95%	63%	89%	38%
8 Media	30%	65%	56%	91%	58%	72%	37%
9 PR	57%	57%	57%	57%	57%	57%	57%
10 Produktion	40%	90%	81%	79%	92%	90%	50%
11 VKF/POS	63%	83%	56%	80%	80%	90%	98%

Abbildung 27: Leistungsbereiche nach nicht eindeutig definiertem Agenturtyp

Quelle: Eigene Darstellung

Auswertung der Erhebung 111

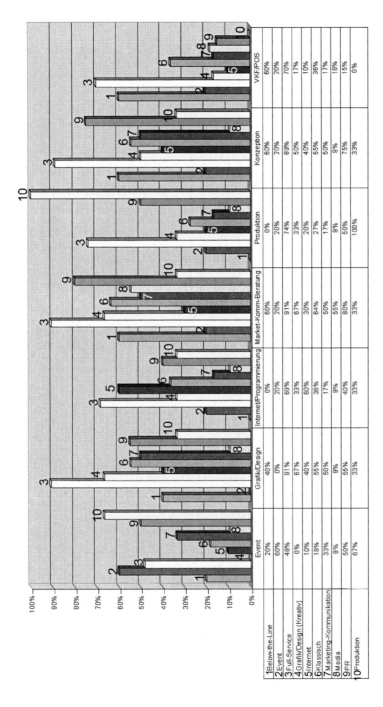

Abbildung 28: Leistungsbereiche nach eindeutig definiertem Agenturtyp
Quelle: Eigene Darstellung

Anhand der nachfolgenden Auswertung wurde der Agenturtyp mit den Funktionsbereichen gleichgesetzt und abschließend die Funktionsbereiche, in denen der höchste Umsatz generiert wird, mit dem Agenturtyp abgeglichen.

Die Funktionsbereiche aller befragten Agenturen verteilen sich wie folgt:

Auswertung der Erhebung 113

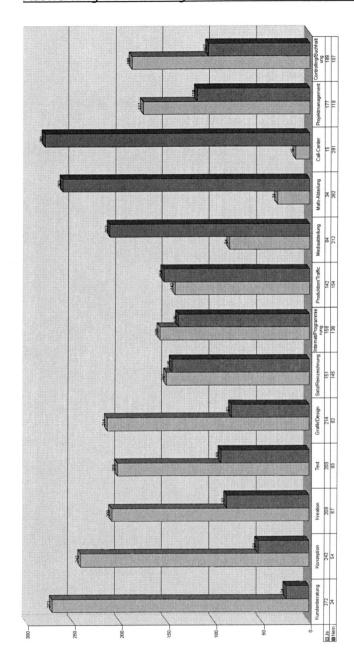

Abbildung 29: Funktionsbereiche der befragten Agenturen
Quelle: Eigene Darstellung

Ähnlich wie bei den Leistungsbereichen zeichnet sich dasselbe Phänomen bei eindeutig und nicht eindeutig definiertem Agenturtyp ab. Aus den Funktionsbereichen der einzelnen Agenturen lässt sich i. d. R. kein Rückschluss auf den Agenturtyp ziehen.

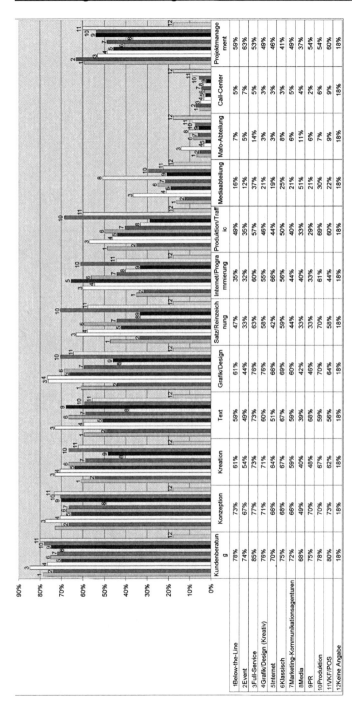

Abbildung 30: Funktionsbereiche nach nicht eindeutig definiertem Agenturtyp

Quelle: Eigene Darstellung

116 Auswertung der Erhebung

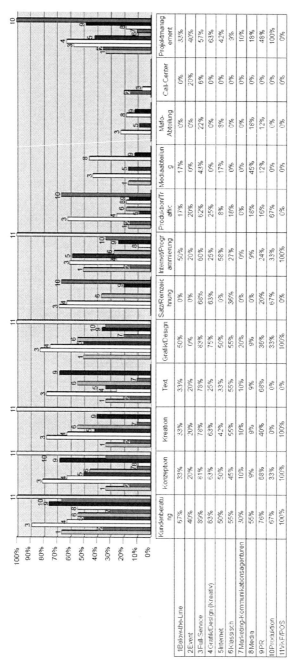

Abbildung 31: Funktionsbereiche nach eindeutig definiertem Agenturtyp

Quelle: Eigene Darstellung

Auswertung der Erhebung 117

Im Folgenden wurden die Funktionsbereiche mit den höchsten Umsätzen mit den eindeutig definierten Agenturtypen abgeglichen.

	Kunden-beratung	Konzeption	Kreation	Text	Grafik/Design	Satz/Rein-zeichnung	Internet/Programmierung	Produktion/Traffic	Media-abteilung	Mafo-Abteilung	Call-Center	Projekt-management
1 Below-the-Line	50%	0%	33%	17%	17%	0%	17%	0%	17%	0%	0%	33%
2 Event	20%	20%	0%	0%	0%	0%	20%	0%	0%	0%	0%	40%
3 Full-Service	32%	37%	38%	8%	25%	6%	13%	13%	13%	2%	2%	6%
4 Grafik/Design (Kreativ)	38%	38%	13%	0%	50%	25%	0%	0%	0%	0%	0%	25%
5 Internet	8%	17%	17%	0%	8%	0%	50%	0%	0%	0%	0%	0%
6 Klassisch	36%	27%	45%	0%	0%	18%	9%	0%	0%	0%	0%	0%
7 Marketing-Kommunikationsagenturen	40%	30%	0%	0%	0%	0%	10%	0%	0%	0%	0%	10%
8 Media	9%	0%	9%	0%	9%	0%	9%	0%	18%	0%	0%	0%
9 PR	56%	40%	4%	52%	12%	4%	0%	0%	0%	12%	0%	24%
10 Produktion	0%	33%	0%	0%	33%	33%	0%	100%	0%	0%	0%	0%
11 VKF/POS	0%	0%	0%	0%	0%	0%	0%	0%	0%	0%	0%	0%
12 Keine Angabe	21%	21%	21%	21%	21%	21%	21%	21%	21%	21%	21%	21%

Abbildung 32: Höchster Umsatz je Funktionsbereich nach eindeutig definiertem Agenturtyp

Die Agenturen, die ihren Agenturtyp nicht eindeutig definieren konnten, machen ihre höchsten Umsätze in den unterschiedlichsten Funktionsbereichen. Dies lässt keinerlei Rückschluss auf den Agenturtyp zu. So machen einige PR-Agenturen ihre höchsten Umsätze im Bereich Grafik/Design sowie Satz und Reinzeichnung. Diesen Agenturen kann nur geraten werden, sich die Funktionsbereiche anzusehen, in denen sie ihre höchsten Umsätze machen und sich über eine Neupositionierung Gedanken zu machen. Aber selbst bei den Agenturen, die Ihren Agenturtyp eindeutig definieren konnten, bestehen gravierende Unterschiede zwischen Agenturtyp und Funktionsbereichen mit dem höchsten Umsatz. Eine Event-Agentur macht beispielsweise ihren höchsten Umsatz mit der Internet/Programmierung. Des Weiteren machen 6 von 12 Internet-Agenturen ihren höchsten Umsatz nicht mit der Programmierung/Gestaltung von Internetseiten. Und nur 32 Prozent der Media-Agenturen machen mit der Mediaabteilung ihren höchsten Umsatz, eine Media-Agentur sogar ausschließlich mit Grafik/Design und Internet/Programmierung.

Nicht nur bei den Agenturen mit nicht eindeutig definierten Agenturtypen sondern ebenso bei den Agenturen mit eindeutig definierten Agenturtypen stimmt die Selbsteinschätzung zu ca. 20 Prozent nicht mit dem Hauptleistungsbereich überein. Das heißt, es klafft dort eine erhebliche Lücke zwischen der gewünschten und erklärten eigenen Positionierung und den tatsächlich für Kunden erbrachten und abgerechneten Leistungen und Leistungsschwerpunkten. Ihr Profil könnte klarer sein, wenn sie sich in ihrer Agenturbezeichnung auf das beschränken würden, was sie auch hauptsächlich machen, da sie in diesen Bereichen auch tatsächlich Referenzen nachzuweisen haben.

6.2.2 Spezialisierungsformen

Nachstehend die verschiedenen erfassten Spezialisierungsformen.

6.2.2.1 Spezialist oder Generalist

Anhand der gewählten Agenturtypen wurde die Kategorisierung zum Generalisten bzw. zum Spezialisten vorgenommen. Insofern keine Spezialisierung auf den B2B- oder den B2C-Bereich gewählt wurde, ist bei der Auswertung der Agenturtyp Full-Service zu den Generalisten gezählt worden.

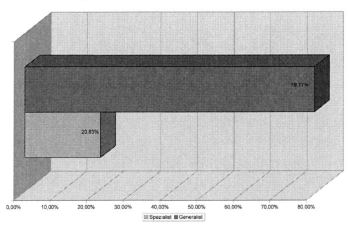

Abbildung 33: Spezialist oder Generalist
Quelle: Eigene Darstellung

79,17 Prozent der Teilnehmer wählten die Position des Generalisten. Diese kombinierten ihren Agenturtyp aus einer Vielzahl an Agenturtypen (nicht eindeutig definierten) oder gehören dem Agenturtyp Full-Service an, ohne diesen durch eine B2B- oder B2C-Spezialisierung einzugrenzen. 20,83 Prozent der befragten Agenturen wählten ihren Agenturtyp so, dass sie zu den Spezialisten gezählt werden konnten. Hierbei wurden folgende Spezialisierungsbegründungen erfasst.

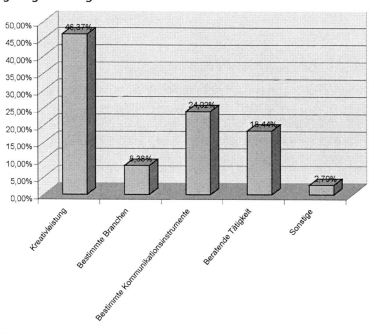

Abbildung 34: Begründung der Spezialisierung
Quelle: Eigene Darstellung

46,37 Prozent der Agenturen begründen ihre Spezialisierung mit dem Positionierungskriterium „Kreativität", 24,02 Prozent mit der Spezialisierung auf ein bestimmtes Kommunikationsmittel. Danach folgen die beratenden Tätigkeiten mit 18,44 Prozent und die Branchenspezialisierung (B2B-Spezialisierung) relativ weit abgeschlagen mit 8,38 Prozent. Hierbei muss angemerkt werden, dass sich bei der speziellen Frage nach einer Branchenspezialisierung die Werte zu den eben erwähnten unterscheiden.

6.2.2.2 Branchenspezialisierung

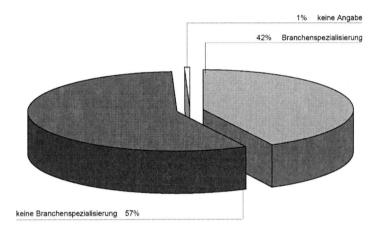

Abbildung 35: Branchenspezialisierung aller Agenturen
Quelle: Eigene Darstellung

57 Prozent der Agenturen beschränken ihre Tätigkeit nicht auf eine Branche, 42 Prozent haben sich auf eine oder mehrere bestimmte Branchen spezialisiert. Somit stellt die Branchenspezialisierung keine Seltenheit dar.

Davon bleiben lediglich 13 Prozent der Agenturen mit Branchenspezialisierung ihrer Branche treu.

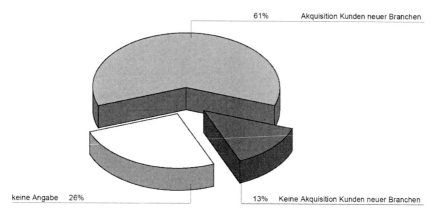

Abbildung 36: Akquisition von Neukunden unbekannter Branchen
Quelle: Eigene Darstellung

Im Folgenden werden die Branchen dargestellt, auf welche sich die Agenturen prozentual spezialisiert haben. Dominierend sind die Branchen Automobilindustrie sowie Computer/Software mit jeweils 20,75 Prozent.

Auswertung der Erhebung

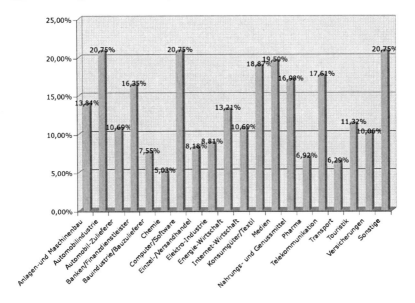

Abbildung 37: Prozentuale Verteilung der Branchenspezialisierung nach Branche
Quelle: Eigene Darstellung

Die Branchenspezialisierung lässt sich in folgende Spezialisierungsgrade aufteilen.

Immerhin 28 Prozent der Agenturen, welche über eine Branchenspezialisierung verfügen, haben sich lediglich auf eine Branche spezialisiert.

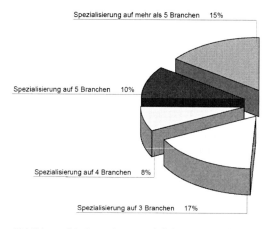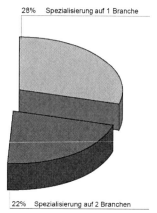

Abbildung 38: Branchenspezialisierungsgrad
Quelle: Eigene Darstellung

Hier ist ein eindeutiger Positionierungstrend zu sehen, gerade durch die Spezialisierung auf eine Branche kann die Agentur durch Know-how überzeugen, welches gerade in erklärungsbedürftigen Produktbereichen von Vorteil für die Kommunikation sein kann. Jedoch wird dieses Thema äußerst kontrovers in den Fachzeitschriften diskutiert. Von Agenturseite hört man, dass gerade Generalisten sich in bestimmte Themen einarbeiten könnten und deshalb anfänglich kein besonderes Know-how von Nöten sei. Jedoch stellt die Branchenspezialisierung eine gute Möglichkeit dar, sich gegenüber dem Mitbewerb stärker zu positionieren und um potenzielle Kunden zu überzeugen. Dies bestätigten auch die Expertengespräche.

6.2.2.3 B2B-Spezialisierung

Ein weiteres, mittlerweile jedoch weniger einzigartiges Positionierungsmerkmal einiger Agenturen stellt die Spezialisierung auf den B2B-Bereich dar. Lediglich Event- und PR-Agenturen nutzen dieses Positionierungsmerkmal mit unter 50 Prozent im Vergleich zu den anderen Agenturtypen seltener.

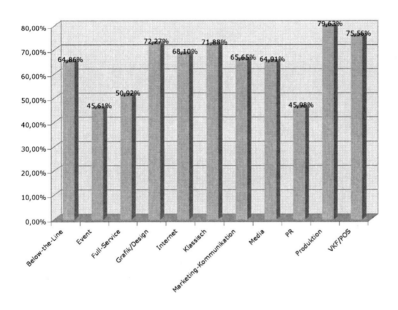

Abbildung 39: B2B-Spezialisierung nach Agenturtyp

Quelle: Eigene Darstellung

6.2.3 Vergütungsmanagement

Die in der Literatur angegebene bevorzugte Vergütungsform der erfolgsorientierten Abrechnung, vgl. 6.1.2.7, wird in der Erhebung nicht bestätig. Gerade einmal 6 Prozent der Agenturen geben diese als hauptsächliche Abrechnungsform an.

Die befragten Agenturen favorisieren eher den Festpreis und das Vergütungsmanagement nach individueller Preisliste, als dass sie sich ihr Produkt erfolgsabhängig vergüten lassen.

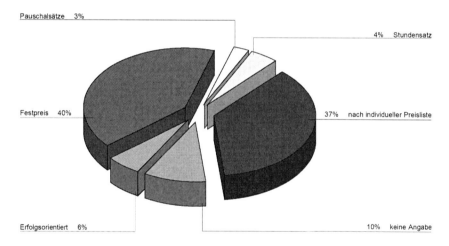

Abbildung 40: Vergütungsmanagement der Agenturen

Quelle: Eigene Darstellung

Auswertung der Erhebung 127

6.2.4 CI

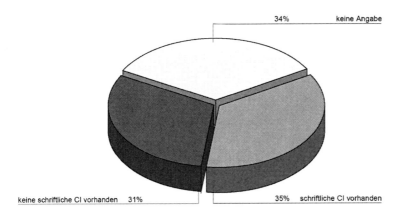

Abbildung 41: Bestehen einer schriftlich dokumentierten CI (Corporate Identity)
Quelle: Eigene Darstellung

35 Prozent der Agenturen bejahen die Fragen nach dem Bestehen einer schriftlichen CI. 34 Prozent enthalten sich dieser Frage und können somit vermutlich den 31 Prozent, die diese Frage mit Nein beantwortet haben, zugerechnet werden. Die Corporate Identity sollte - das wird gerade hauptsächlich von Agenturen gepredigt - jeder Person, die im Unternehmen tätig ist oder diesem „nahe steht" bekannt sein, unabhängig von der Position. Gerade wie sich ein Unternehmen nach innen sowie nach außen verhält und präsentiert, sollte in der Werbebranche, die stark Personen fixiert ist (People-Business) dementsprechend gegenüber Kunden, potenziellen Kunden sowie gegenüber den Mitarbeitern und zukünftigen Mitarbeitern kommuniziert werden.

6.2.5 Agenturphilosophie

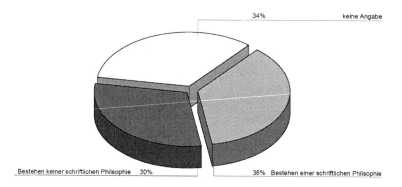

Abbildung 42: Bestehen einer schriftlich dokumentierten Philosophie

Quelle: Eigene Darstellung

Sehr ähnlich, wie die Frage nach dem Bestehen einer schriftlichen CI, fällt die Auswertung der Frage nach dem Bestehen einer schriftlich fixierten Philosophie aus. Es ist beinahe genau der Prozentsatz der Agenturen, der nicht über eine schriftliche CI verfügt, bei dem auch auf eine schriftliche Philosophie verzichtet wird. Im Folgenden werden einige Beispiele aufgezeigt, die in der offenen Frage nach der Philosophie angegeben wurden.

„Qualität + Exzellenz, Klarheit + Professionalität, Verantwortung + Menschlichkeit"

„Umfassender kreativer und unternehmerischer Mehrwert auf partnerschaftlicher Basis für unsere Kunden, junge und frische Ideen, die nicht ausschließlich auf Vertragsebene, sondern primär

auch auf Projektbasis angeboten werden, flexibler Einsatzes des Werbebudgets für kleine und mittelständische Unternehmen sowie Start-Ups. Thinknewgroup Neu zu denken, ist eine unternehmerische Entscheidung. Entweder man schwimmt im Mainstream mit oder man hebt sich ab. Dabei kostet es das Unternehmen mehr Geld, im Mainstream mitzuschwimmen, als neu zu denken. Denn ein austauschbarer Auftritt bedeutet, das Unternehmen hat höheren Erklärungsbedarf und benötigt wesentlich mehr Kontakte/Werbebudget, um durchzudringen. thinknew kreiert Positionierungen, die sich Markt schnell durchsetzen und den Markt in der Kommunikationanführen.´´die abweichung schafft originale, die norm schafft kopien´´"

Oder auch einfach nur:

„..."

6.2.6 Kreativwettbewerbe

43 Prozent der befragten Agenturen sehen Kreativwettbewerbe als Differenzierungsmerkmal. 57 Prozent verneinen die Frage nach der Teilnahme an Kreativwettbewerben.

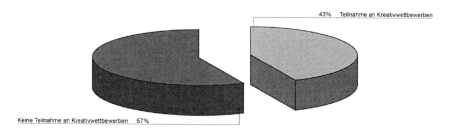

Abbildung 43: Teilnahme an Kreativwettbewerben

Quelle: Eigene Darstellung

Bei einem Vergleich mit dem Gross Income der Agentur, die an Kreativwettbewerbern teilnehmen, wird klar, dass es nicht nur die Großen der Branche sind, die Kreativwettbewerbe als Instrument für die Eigenwerbung und eine verbesserte Positionierung einsetzen. Kreativwettbewerbe stellen somit eine gute Möglichkeit dar, die Eigenwerbung anzukurbeln und sich von der Masse abzuheben, auch wenn diese Zeit und finanzielle Mittel beanspruchen. Im Folgenden soll aufgezeigt werden, dass der Großteil der Agenturen Eigenwerbung für ein sehr wichtiges Instrument hält.

Auswertung der Erhebung 131

6.2.7 Eigenwerbung

47,74 Prozent der befragten Agenturen halten Eigenwerbung für ein sehr wichtiges bzw. 33,97 Prozent für ein wichtiges Instrument zur Verbesserung ihres Geschäftserfolgs. Nur 13,87 Prozent der Agenturen für ein nicht wichtiges Instrument.

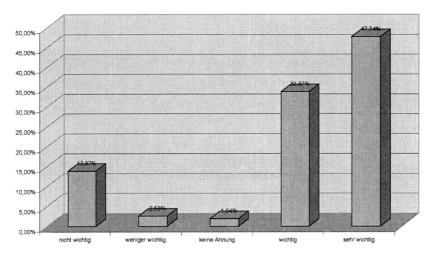

Abbildung 44: Wichtigkeit der Eigenwerbung

Quelle: Eigene Darstellung

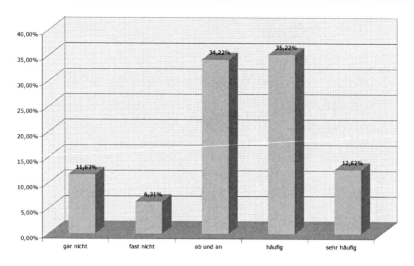

Abbildung 45: Häufigkeit der Arbeit an der Eigenwerbung
Quelle: Eigene Darstellung

Über 3/4 der Agenturen empfindet Eigenwerbung als wichtig bzw. sehr wichtig für ihren Geschäftserfolg. Immerhin arbeiten 12,62 Prozent der Agenturen sehr häufig und 35,22 Prozent der Agenturen häufig an ihrer eigenen Werbung. 34,22 Prozent eher selten und 11,63 Prozent sogar gar nicht, demgegenüber stehen 13,87 Prozent der Agenturen, die Eigenwerbung für nicht wichtig halten.

6.2.8 Kundengewinnungs-/Akquisitionsinstrumente

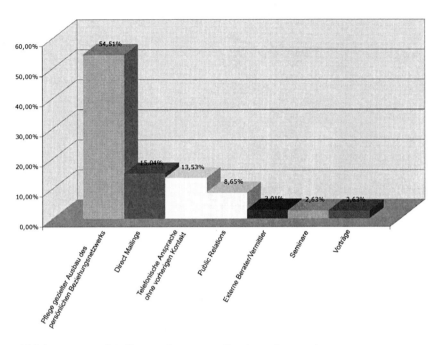

Abbildung 46: Am häufigsten eingesetzte Kundegewinnungsinstrumente
Quelle: Eigene Darstellung

Trotz der in Abschnitt 6.1.2.1 erwähnten, von Werbetreibenden nicht erwünschten Instrumente, wie Direct Mailings, werden diese mit 15,04 Prozent an zweiter Stelle nach der gezielten Pflege bzw. dem Ausbau von persönlichen Beziehungsnetzwerken weiterhin stark eingesetzt.

Im Folgenden werden die unterschiedlichen Instrumente nach deren Wichtigkeit für die Eigenwerbung dargestellt.

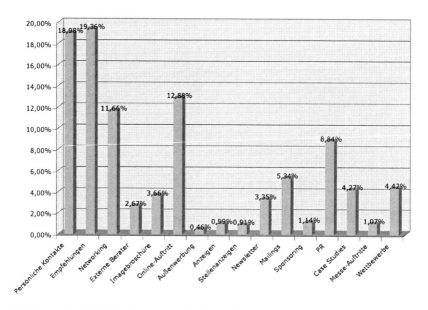

Abbildung 47: Wichtigkeit der verschiedenen Kundengewinnungsinstrumente

Quelle: Eigene Darstellung

6.2.9 Neugeschäft

50 Prozent bejahten die Frage, ob ihre Agentur das Neugeschäft strategisch und regelmäßig plant. 50 Prozent antworteten mit „Nein".

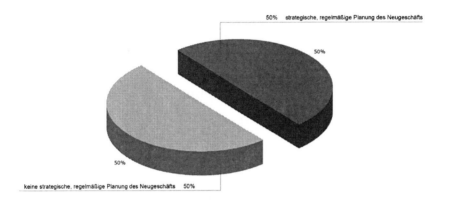

Abbildung 48: Strategische, regelmäßige Planung des Neugeschäfts

Quelle: Eigene Darstellung

Gerade die kleineren Agenturen mit einem GI von <100.000 € planen ihr Neugeschäft regelmäßig und strategisch. Je höher der GI desto weniger scheint die Notwendigkeit hierfür zu bestehen.

Jedoch sind sich die Agenturen mit rund 65 Prozent über die ansteigende Bedeutung des Neugeschäfts einig.

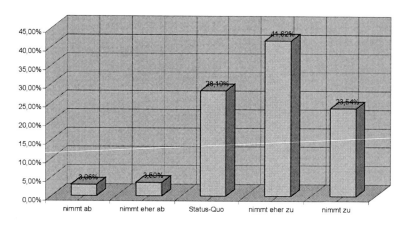

Abbildung 49: Wichtigkeit des Neugeschäfts gegenüber dem Altgeschäft

Quelle: Eigene Darstellung

6.2.10 Konsequenz der Positionierung

Nach der Konsequenz der Positionierung gefragt, sehen 15 Prozent ihre Agenturpositionierung als konsequent an. 38 Prozent wägen hingegen ab und sehen diese als relativ konsequent. 13 Prozent als weniger und lediglich 2 Prozent als gar nicht konsequent vollzogen an.

Auswertung der Erhebung 137

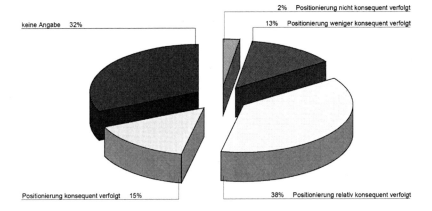

Abbildung 50: Konsequenz der Positionierung
Quelle: Eigene Darstellung

Die Einschätzungen der eigenen Positionierungskonsequenz wurden mit den bereits erwähnten Kriterien eindeutig und nicht eindeutig definierter Agenturtyp sowie mit der Auswertung des höchsten Umsatzes je Funktionsbereich abgeglichen.

Von den Agenturen, welche sich nach der Auswertung der beiden erwähnten Kriterien eindeutig positioniert haben, schätzen 16 Prozent ihre Positionierung für konsequent verfolgt ein, 59 Prozent für relativ konsequent, 23 Prozent für weniger und lediglich 2 Prozent für gar nicht konsequent.

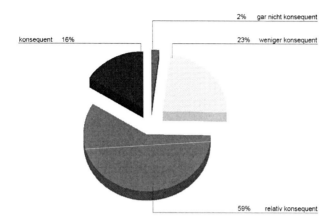

Abbildung 51: Einschätzung der Positionierungskonsequenz der eindeutig positionierten Agenturen

Quelle: Eigene Darstellung

Von den Agenturen, welche sich laut den beiden erwähnten Kriterien nicht eindeutig positioniert haben, schätzen 25 Prozent ihre Positionierung für konsequent verfolgt ein, 53 Prozent für relativ konsequent, 18 Prozent für weniger und immerhin 4 Prozent für gar nicht konsequent.

Auswertung der Erhebung 139

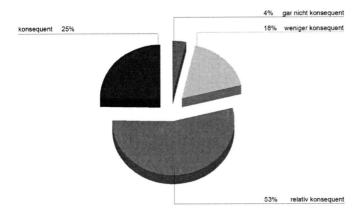

Abbildung 52: Einschätzung der Positionierungskonsequenz der nicht eindeutig positionierten Agenturen

Quelle: Eigene Darstellung

Interessant ist die Tatsache, dass sich gerade die nach den Kriterien eindeutig positionierten Agenturen eher schlechte Noten geben. Im Vergleich gesehen sind es lediglich 2 Prozent der nicht eindeutig positionierten Agenturen mehr, im Vergleich zu den eindeutig positionierten, die ihre Positionierung als gar nicht konsequent ansehen. Da es sich um prozentuale Zahlen handelt, sollte an dieser Stelle nochmals darauf hingewiesen werden, dass die Anzahl der eindeutig positionierten Agenturen weit unter den nicht eindeutig positionierten liegt. Ebenso zeigt sich das Verhältnis bei der Einschätzung konsequent verfolgter Positionierung, hierbei haben sich 16 Prozent der eindeutig positionierten Agenturen und 25 Prozent der nicht eindeutig positionierten für die eigene konsequente Verfolgung der Positionierung entschieden.

Betrachtet man die Übereinstimmung der Einschätzung mit der

tatsächlichen Positionierung durch die Kriterien Definition des Agenturtyps und höchster Umsatz je Funktionsbereich, ergibt sich folgende Auswertung bei eindeutig und nicht eindeutig positionierten Agenturen.

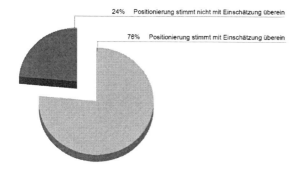

Abbildung 53: Übereinstimmung der Einschätzung mit der Positionierung bei eindeutig positionierten Agenturen
Quelle: Eigene Darstellung

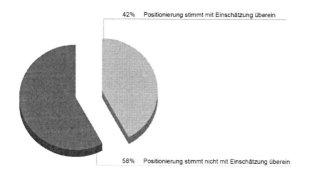

Abbildung 54: Übereinstimmung der Einschätzung mit der Positionierung bei nicht eindeutig positionierten Agenturen
Quelle: Eigene Darstellung

Die Selbsteinschätzung der Positionierung bei den Agenturen stimmt auch dann nicht überein, wenn diese ihre Positionierung als gar nicht oder weniger konsequent eingeschätzt haben. Insgesamt haben 7 der nicht eindeutig positionierten und 25 der eindeutig positionierten Agenturen ihre Positionierung eher schlechter eingeschätzt, als dass dies laut den beiden Kriterien wirklich zutreffen würde.

Hierbei kann eine ähnliche Schlussfolgerung gezogen werden wie beim Vergleich des Agenturtyps zu den Funktionsbereichen mit den höchsten Umsätzen. Es zeigt sich noch einmal, dass eine große Anzahl der Agenturen sich weder darüber im Klaren ist mit welchen Leistungen sie die höchsten Umsätze generieren, noch dass sie die daraus resultierende verschwommene Positionierung selbst klar einschätzen können. Gerade diejenigen Agenturen, welche an ihrer eigenen Positionierung arbeiten, sehen diese auch als weniger konsequent verfolgt und sind sich zugleich darüber im Klaren, dass sie ihre Positionierung weiter schärfen müssen.

6.3 Schlussfolgerung/Zusammenfassung

Die Vergütungsmodelle Festpreis und individuelle Preisliste werden bevorzugt eingesetzt.

Ca. 60 Prozent der Agenturen können ihren Agenturtyp nicht klar und eindeutig definieren.

Bei ca. 20 Prozent der Agenturen stimmt die Selbsteinschätzung in Bezug auf den Agenturtyp nicht mit den Hauptleistungsbereichen überein. Es scheint den Agenturen nicht klar zu sein, mit welchen Geschäftsfeldern sie einen Großteil ihres Umsatzes erwirtschaften. Oder diese Tatsache wird absichtlich verdrängt. Dies hat schwere Folgen für die Akquisition wie auch für das bestehende Kundengeschäft.

Mit einer Wunschvorstellung werden Leistungen angeboten, für die man nicht (mehr) kompetent ist. Und für welche es i. d. R. auch keine aktuellen oder nur wenige Referenzen nachzuweisen gibt. Einerseits werden damit oft nicht die „richtigen" Kunden angesprochen – Unternehmen für welche aktuellen Arbeitsbeispiele relevant und erfolgsversprechend sind. Und andererseits werden so Chancen verpasst, die Kompetenz von Leistungsschwerpunkten gewinnbringend zu vermarkten, sowohl bei Neukunden als auch bei bestehenden Kunden. Folge hierbei kann sein, dass die „falschen" Kunden mit den falschen Argumenten angesprochen werden. Durch die Wunschvorstellung wird häufig der Traum einer Agentur gehegt, die man schon lange nicht mehr ist oder noch nicht darstellt. Ein Verschwimmen des Agenturprofils ist unabdingbare Folge.

PR- und Full-Service-Agenturen positionieren sich durch ihren Agenturtyp am eindeutigsten, nachfolgend die Internet-Agenturen. Ein Großteil der Full-Service-Agenturen geben an, dass sie Full-Service anbieten, ihren Umsatz erwirtschaften diese jedoch mit wenigen oder teilweise sogar mit nur einem Leistungsbereich.

Lediglich rund 13 Prozent der Agenturen arbeiten sehr häufig an ihrer Eigenwerbung, ca. 49 Prozent halten diese aber für wichtig bis sehr wichtig. Die beliebtesten Formen der „Eigenwerbung" sind der persönliche Kontakte sowie die Empfehlungen. Entgegen der Aussage vieler Agenturen stehen Direct-Mailings und Kalt-Telefonakquise immer noch an zweiter bzw. dritter Stelle der Akquisitionstätigkeiten.

An der Studie wurde von vielen Seiten großes Interesse geäußert. Insgesamt kann behauptet werden, dass die Studie eine große Anzahl und einen guten Querschnitt aller in Deutschland tätigen Agentur darstellt.

7 Ausblick und Fazit

Einleitend zum letzten Kapitel soll folgendes Zitat von Samuel Johnson genannt sein:

„*The trade of advertising is now so near perfection that it is not easy to propose any improvement.*" [95]

Dieses Zitat stammt aus dem Jahr 1759. Heute, im Jahr 2005, kann mit Recht behauptet werden, dass diese Aussage etwas verfrüht gefallen ist. Anhand der Studie wird deutlich, dass der Transformationsprozess der Werbeagenturen zu Anbietern in allen Dienstleistungsbereichen der Kommunikation, zu den Kommunikationsagenturen, bei weitem noch nicht beendet ist. Anhand der Studie wird vor allem eines deutlich, nicht nur, dass die wenigsten Agenturen diesen Prozess noch nicht vollkommen beendet haben, sondern vor allem, dass ein Großteil der Agenturen diesen noch gar nicht oder wenn nur unzureichend begonnen hat. Denn was Kommunikationsagenturen von herkömmlichen Werbeagenturen unterscheidet, ist die Sichtweise auf den gesamten Ablauf der produktrelevanten Kommunikation, in all ihren Phasen und in allen Bereichen.

Doch geht es nicht ausschließlich um die Transformation der Werbeagenturen zum allwissenden Berater. Vor allem geht es um das Selbstverständnis der Agenturen in dieser Studie. Doch was auf Seiten des Kunden gefordert wird, sollte in aller erster Linie bei

---

[95] Vgl. Businessweek.com: New and Improved: The Story of Mass Marketing, siehe Online-Quellen

den Agenturen vollzogen werden. Wenn sich Agenturen ihren Kunden gegenüber als Dienstleister für jeden Bereich der Kommunikation betrachten, sollten sie dies auch glaubwürdig nach außen kommunizieren, was gerade mit einer eindeutigen Eigenpositionierung zum Ausdruck gebracht werden könnte. Um an dieser Stelle nochmals auf ein in der Studie überwiegend auftauchendes Beispiel einzugehen, ist Full-Service ohne sonstige Spezialisierung das Konzept der Zukunft? Angesichts der Tatsache, wie viele Agenturen sich als Full-Service-Agentur verstehen und positionieren, sollte einmal die Frage gestellt werden, ob Full-Service ein einzigartiges Positionierungskonzept der Zukunft darstellt und die entsprechenden USPs liefert. Aufgrund des Alters vieler Agenturtypen, sollte jedoch dringend an neuen Agenturkonzepten gearbeitet werden.

In zusätzlichen Analysen, die u. a. die Online-Auftritte einiger Teilnehmer betreffen, ist eines besonders klar geworden, wer sich Full-Service verschreibt, sollte dies nur dann machen, wenn er für alle, zumindest aber für viele Bereiche aktuelle oder überhaupt irgendwelche Referenzen nachzuweisen hat. Dies ist sehr häufig nicht der Fall.

Wenn die Agenturen selbst nicht wissen wo ihre Stärken liegen, wie können sie dann diese ihren Kunden gegenüber präsentieren und erfolgreich verkaufen? Viele Neugeschäftsaktivitäten sind damit zum Scheitern verurteilt. Denn es ist nicht nur der permanent steigende Kostendruck der Agenturen sondern ebenso der der Werbetreibenden. Diesen muss eine Agentur anhand von tatsächlich realisierten Projekten Vertrauen vermitteln können und keine Illusionen. Jede Agentur sollte sich die Fragen stellen, wo liegen die Wurzeln? Wo liegen die Kernkompetenzen?

Welchen spezifischen Mehrwert können wir bestimmten Kunden bieten? Und wie kann dieser glaubwürdig am Markt kommuniziert werden? Gerade in Zeiten, die verstärkt von Verdrängungswettbewerben und wachsender Konkurrenz benachbarter Dienstleister geprägt sind, ist eine klare Positionierung und der Aufbau eines eigenen Markenprofils nach innen sowie nach außen, eine entscheidende Vorraussetzung für das Bestehen am Markt sowie für den Erfolg einer Agentur. Die Agenturen die ihre Selbstdarstellung vernachlässigen, werden langfristig gesehen für bestehende sowie für potenzielle Kunden unattraktiv.

Literaturverzeichnis

Selbständige Bücher und Schriften, Sammelbände

Backhaus, Klaus (1995): Investitionsgütermarketing, 4. Aufl., München: Verlag Franz Vahlen GmbH, 1995

Buggert, Willi (1982): Planungs- und Kontrollrechnung im Dienstleistungsbetrieb Werbeagentur, Kassel 1982

Diller, Herrmann (Hrsg.) (1992): Vahlens Großes Marketinglexikon, Verlag Franz Vahlen GmbH, München 1992

Friedrich, Kerstin (2003): Erfolgreich durch Spezialisierung, Kompetenzen entwickeln, Kerngeschäfte ausbauen, Konkurrenz überholen, verlag moderne industrie, München, 2003

Handelsgesetzbuch (2003), 40. überarbeitete Ausgabe, Deutscher Taschenbuch Verlag GmbH & Co. KG, München 2003

Helmig, Bernd (Hrsg.), Tscheulin, K. D. (2004): Gabler Lexikon Marktforschung, Verlag Dr. Th. Gabler/GWV Fachverlag GmbH, Wiesbaden 2004

Johannsen, Uwe (1971): Das Marken- und Firmen-Image, in: Betriebswirtschaftliche Schriften Heft 46, Duncker & Humblot, Berlin 1971

Meffert, Heribert (2000): Marketing, Grundlagen marktorientierter Unternehmensführung, Konzepte – Instrumente – Praxisbeispiele, 9. überarbeitete und erweiterte Auflage, Betriebswirtschaftlicher Verlag Dr. Th. Gabler GmbH, Wiesbaden 2000

Pampe, Klaus-Dirk (1968): Die Werbeagentur als Betriebswirtschaft, Inauguraldissertation zur Erlangung des Doktorgrades der Wirtschafts- und Sozialwissenschaften Fakultät der Universität Köln, Köln 1968

Reeves, Rosser (1961): Reality in Advertising, Knopf, New York 1961

Schneider, Karl (Hrsg.), Pflaum, Dieter (2003): Werbung, Werbung in Theorie und Praxis, 6. erweiterte und überarbeitete Ausgabe, M & S Verlag, Waiblingen 2003

Seidenabel, Christian (1998): Das Kommunikationsmanagement von Werbeagenturen, Deutscher Universitäts-Verlag GmbH, Wiesbaden 2003

Tomczak, Torsten; Rudolph, Thomas; Roosdorp, Alexander (Hrsg.) (1996): Positionierung, Kernentscheidung des Marketing, Verlag THEXIS, St. Gallen 1996

Trout, Jack; Ries, Al (2001): The Marketing Classic Positioning, how to be seen and heard in the overcrowded marketplace, Mc Graw Hill, 2001

Unger, Fritz; Fuchs, Wolfgang (1999): Management der Marktkommunikation, 2. Völlig neubearbeitete und erweiterte Auflage, Physica Verlag, Heidelberg 1999

Vilmar, Answin (1992): Agentur 2000, Entwicklungen und Perspektiven für Anbieter von Kommunikationsdienstleistungen, Physica Verlag, Heidelberg 1992

Wallmeier, Wolfgang (1968): Die Werbeagentur als Dienstleistungsbetrieb, Inaugural Dissertation zur Erlangung der Würde eines Doktors der Wirtschaftswissenschaften der Universität Mannheim, Lage (Lippe) 1968

Willing, A. Siegfried; Maubach, Ullrich (1991): Neugeschäft für Werbeagenturen und andere Dienstleister im Marketing, Willing-Partner International Management Consulting, in: Wirtschaftswoche Buchreihe Werbung Band 2, Düsseldorf 1991

ZAW (2005): Werbung in Deutschland 2005, Zentralverband der deutschen Werbewirtschaft, Belin 2000

Zimmermann, Rainer (2004): Von der Diversifikation zur Integration: Strategien, Geschäftsmodelle und Management von Kommunikationsagenturen 1999 bis 2003, Strategien und Management für Professional Service Firms, Ringlstetter, Max; Bürger, Bernd; Kaiser, WILEY-VCH Verlag GmbH & Co. KGaA, Weinheim 2004

Zuberbier, I. (1982): Die Werbeagentur – Funktionen und Arbeitsweise,
In: Tietz, Bruno (Hrsg.), 1982:, Die Werbung: Handbuch der Kommunikations- und Werbewirtschaft, Landsberg am Lech 1982

Literaturverzeichnis

Zeitschriftenartikel

Grauel, R. (2001): Die 2 Gesichter der Werbung, in: BRANDEINS 3. Jahrgang, Ausgabe Nr. 8, Oktober 2001

Heider, Benno (1995): Die Marke Agentur braucht Pflege, in: w&v Ausgabe Nr. 37, 15.09.1997

Heilmann, Thomas (2003): Die Agentur als Marke, Sind Sie Markenfetischist – auch bei der Wahl Ihrer Werbeagentur?, in: special 100 Jahre markenverband faszination marke, MARKENARTIKEL 2003, 01.06.2003

Klenk, Volker (1995): Agenturen Know How, Größe ist ein Störfaktor, in: Horizont 1995, Ausgabe Nr. 40, 06.10.1995

O.V. (1985): Agenturphilosophie: zwischen Substanz und Seifenblase, in: absatzwirtschaft Ausgabe Nr. 4, 01.04.1985

O.V. (1997): Agentur Business Konzepte Kreationen, Probleme mit der Eigenmarke, In: Horizont 1997, Ausgabe Nr. 24, 12.06.1997

Trampe, Ingeborg (1997): Standpunkt, Stammelnde Agenturchefs, in: Horizont Ausgabe Nr. 24, 12.06.1997

Von Matt, Jean-Remy (1998): Agenturen Business, eigenes Image oft vernachlässigt, In: Horizont 1998, Ausgabe Nr. 34, 20.08.1998

Weber, Dieter (1997): Forschung, Eigenlob stinkt nicht mehr, In: w&v 1997, Ausgabe Nr. 19, 09.05.1997

Winter, Karin (1997): Agentur Business, Etats werden nicht auf dem Tablett serviert, in: Horizont 1997, Ausgabe Nr. 48, 27.11.1997

Studien

Ernst & Young, F.A.Z.-Institut (2002): Agenturen, von der Werbung zur Kommunikation, in: Branchen & Visionen 2010, Frankfurt am Main 2001

Diplomarbeiten

Warp, Jan (2001): Die Agentur als Marke, München 2001

Literaturverzeichnis

Online-Quellen

BASE-Marketing: Ueber Markenmanagemen, URL: http://www.base.ch/articles/markenmanagement.htm (Ausdruck vom 09.07.2005 liegt dem Verfasser vor)

Businessweek.com: New and Improved: The Story of Mass Marketing in America,
URL: http://www.businessweek.com/chapter/tedlow.htm (Ausdruck vom 05.07.2005 liegt dem Verfasser vor)

Brockhaus – Online-Lexikon: Werbung, URL: http://www.brockhaus.de, Suchbegriff: Werbung, Auswahl 1, (Ausdruck vom 20.06.2005 liegt dem Verfasser vor)

Focus Medialine Lexikon: Image, URL: http://medialine.focus.de/PM1D/PM1DB/PM1DBF/pm1dbf.htm?stichwort=image&x=0&y=0 (Ausdruck vom 30.06.2005 liegt dem Verfasser vor)

Focus Medialine Lexikon: Werbeagentur, URL: http://medialine.focus.de/PM1D/PM1DB/PM1DBF/pm1dbf.htm?stichwort=werbeagentur&x=0&y=0 (Ausdruck vom 30.06.2005 liegt dem Verfasser vor)

Focus Medialine Lexikon: Full-Service-Agentur, URL: http://medialine.focus.de/PM1D/PM1DB/PM1DBF/pm1dbf.htm?snr =2050
(Ausdruck vom 30.06.2005 liegt dem Verfasser vor)

GWA: GWA-Monitor 2002-2003,
URL: http://www.gwa.de/GWA-Monitore_nach_Jahren.593.0.html 2002, 2003; Beschäftigung
(Ausdrucke vom 30.06.2005 liegen dem Verfasser vor)

GWA-Monitor 2004, URL:
http://www.gwa.de/Zahlen_zur_Werbung.414.0.html
(Ausdruck vom 29.06.2005 liegt dem Verfasser vor)

GWA: Top 200 Agenturen, URL:
http://www.gwa.de/Rankings___.55.0.html
(Ausdruck vom 29.06.2005 liegt dem Verfasser vor)

Managementconsultingnews.com: Meet the Mastermind,
URL:
http://www.managementconsultingnews.com/interviews/trout_int erview.php
(Ausdruck vom 29.06.2005 liegt dem Verfasser vor)

Marketing-Lexikon-Online: Werbeetat, URL:
http://www.marketing-lexikon-online.de/Lexikon/Stichworte_W/Werbe-Etat/werbe-etat.html
(Ausdruck vom 29.06.2005 liegt dem Verfasser vor)

Paulssen, M.; Trommsdorff, V., Markenlexikon.com, URL:
http://www.markenlexikon.com/d_texte/ verfahren_wisa_trommsdorff_paulssen.pdf
(Ausdruck vom 29.06.2005 liegt dem Verfasser vor)

w&v online: Rankings, URL:
http://www.wuv.de/daten/agenturen/rankings/
(Ausdruck vom 04.07.2005 liegt dem Verfasser vor)

Wikipedia Online-Lexikon: Akquisition, URL:
http://de.wikipedia.org/wiki/Akquisition
(Ausdruck vom 04.07.2005 liegt dem Verfasser vor)

Wikipedia Online-Lexikon: Image, URL:
http://de.wikipedia.org/wiki/Image
(Ausdruck vom 30.06.2005 liegt dem Verfasser vor)

Wikipedia Online-Lexikon: Gross Income, URL:
http://de.wikipedia.org/wiki/Gross-Income
(Ausdruck vom 29.06.2005 liegt dem Verfasser vor)

Wikipedia Online-Lexikon: Marktforschung, URL:
http://de.wikipedia.org/wiki/Marktforschung
(Ausdruck vom 29.06.2005 liegt dem Verfasser vor)

Wikipedia Online-Lexikon: Positionierung, URL:
http://de.wikipedia.org/wiki/Positionierung_(Marketing)
(Ausdruck vom 29.06.2005 liegt dem Verfasser vor)

Wikipedia Online-Lexikon: Trainee, URL:
http://de.wikipedia.org/wiki/Trainee
(Ausdruck vom 29.06.2005 liegt dem Verfasser vor)

Wikipedia Online-Lexikon: USP, URL:
http://de.wikipedia.org/wiki/USP
(Ausdruck vom 03.07.2005 liegt dem Verfasser vor)

Glossar

Akquisition (Akquise): Unter Akquisition versteht man alle Maßnahmen der Kundengewinnung. Dabei nimmt im Vertrieb die **Kaltakquisition** (Kaltakquise) eine besondere Stellung ein: Kunden werden ohne Vorkontakt angesprochen, beispielsweise im Rahmen von Haustürgeschäften oder telefonischer Akquisition (ggf. nach einer Mailing-Aktion). Die Erfolgsquote liegt zwischen 3 und 20 Prozent, stark abhängig von Branche und Produkt.[96]

Briefing: Unter einem Briefing versteht man die schriftliche Auftragserteilung an einen am Kommunikationsprozess beteiligten Partner. Dies ist die Vorraussetzung für die Erstellung einer werblichen Arbeit. Unterschieden wird in Kundenbriefing und Agenturbriefing.[97]

Eisbrecherfragen: Sollen die Situation der Befragung auflockern und mögliche Ängste, Reserviertheit auflösen. Sie dienen zur Vorbereitung des Interviews und zur Hervorrufung einer Aufgeschlossenheit dem Interviewpartner gegenüber.[98]

---

[96] Vgl. Wikipedia Online-Lexikon: Akuisistion, siehe Online-Quellen
[97] Vgl. Schneider, K.; Pflaum, D. (2003), S. 154
[98] Vgl. Meffert, H. (2000), S. 157

Erhebung (Daten-): Den Prozess der Informationsbeschaffung bezeichnet man als Datenerhebung – Erhebung. Dabei sind entweder die Exploration (Suche), die Deskription (Beschreibung) oder die Erklärung (kausale Begründung) sowie die Prognose (Vorhersage) als Ziel anzusehen.[99]

Etat (oder Werbeetat/-budget):
Der Werbeetat ist die Geldmenge, die ein Unternehmen für Werbezwecke zur Verfügung stellt. Es ist üblich Jahres-Etats festzulegen, welche die voraussichtlichen Kosten für einzelne Kampagnen (Produktneueinführungen, notwendige Relaunches oder Konkurrenzsituation) und die der laufenden, planmäßigen Werbeaktionen beinhalten. Bei der Planung umfangreicher Kampagnen, ist es in einigen Fällen aber auch möglich und notwendig mit Einzelbudgets zu arbeiten.[100]

Gross Income (GI): Gross Income ist der Nettoumsatz einer Agentur (z. B. Werbeagentur) bestehend aus Honoraren und Provisionen.[101]

Filtersprünge:
Kommen bei Erhebungen zum Einsatz. Sie dienen dazu, dass der Befragte nicht Fragen gestellt bekommt, die nicht auf ihn zutref-

---

[99] Vgl. Helmig, B., Tscheulin, D. K. (2004), S. 108
[100] Vgl. Marketing-Lexikon-Online: Werbeetat, siehe Online-Quellen
[101] Vgl. Wikipedia Online Lexikon: Gross Income, siehe Online-Quellen

fen. In der Erhebung wurde nach dem Existieren einer Branchenspezialisierung gefragt, verneint der Teilnehmer diese Frage, wurden zwei Fragen übersprungen, die nur die Agenturen betrafen, welche die Frage bejahten.

Full-Service-Agentur: Eine Werbeagentur, die dafür ausgerüstet und organisatorisch und personell in der Lage ist, für ihre Klienten alle werblichen Aufgaben von der Planung, Herstellung und Durchführung von Werbung einschließlich der Beratung, Gestaltung und Mittlung von Werbung sowie der Untersuchung von Marketingproblemen und der Werbeerfolgskontrolle zu erfüllen.[102]

Klassische Werbung:
Sammelbezeichnung für alle Formen der Marktkommunikation, die Werbung mit Hilfe spezifischer Kommunikationsmittel zu transportieren versuchen.[103] Für mehr Information siehe: http://medialine.focus.de/PM1D/PM1DB/PM1DBF/pm1dbf.htm?snr =2933

---

[102] Vgl. Focus Medialine Lexikon: Full-Service-Agentur, Online-Quellen
[103] Vgl. Focus Medialine Lexikon: klassische Werbung, Online-Quellen

Nicht klassische Werbung (oder Below-the-Line):
Alles was nichts mit der klassischen Werbung zusammenhängt, wird als Below-the-Line bezeichnet.
Dazu gehören:
- Product-Placement
- Event-Marketing
- Messe
- Direkt-Marketing
- Sponsoring
- Öffentlichkeitsarbeit (PR)
- Verkaufsförderung (VKF)[104]

Page Views: Anzahl der Sichtkontakte aller Nutzer mit einer HTML-/Internet-Seite. Die Summer aller Page Views dient als Maß für die Attraktivität eines Angebotes.[105]

PIs: (Pageimpressions) Page Views pro Monat.

Pretest: Werden zur Bestimmung der Güte des Erhebungsinstrumentes durchgeführt, auch sog. Vorstudien, die vor der eigentlichen Befragung anhand einer kleinen Anzahl Testteilnehmer durchgeführt werden.[106] In der vorliegenden Studie wurden insgesamt 6 Pretests durchgeführt, um die Erhebung auf ihre Verständlichkeit hin zu untersuchen.

---

[104] Vgl. Schneider, K.; Pflaum, D. (2003), S. 238
[105] Vgl. Schneider, K.; Pflaum, D. (2003), S. 428
[106] Vgl. Helmig, B., Tscheulin, D. K. (2004), S. 411

Relevant Set: Unter dem „relevant set" versteht man die Gesamtheit aller Markennamen, die ein Mensch bewusst oder unbewusst in seiner Erinnerung trägt. Darunter fallen die Marken, die in das relevant set fallen, die einem bei der Wahl/Kauf eines Produktes beeinflussen.

Trainees: Der Trainee ist eine spezielle Form des Praktikanten und kommt ursprünglich aus dem Englischen. In der Wirtschaft sind es i. d. R. Berufsanfänger, die meistens einen Studienabschluss vorzuweisen haben. Die Trainees durchlaufen spezielle Förderungsprogramme, um i. d. R. später als Führungskraft eingesetzt zu werden.[107]

USP: Als Unique Selling Proposition (einzigartiger Kundennutzen/veritabler Nutzwert, Abkürzung: USP, auch als "Unique Selling Position/Point" gelesen) wird im Marketing und der Verkaufspsychologie das Leistungsmerkmal bezeichnet, mit dem sich ein Angebot deutlich vom Wettbewerb abhebt (auch Alleinstellungsmerkmal genannt).[108]

---

[107] Vgl. Wikipedia.de: Trainee, Online-Quellen
[108] Vgl. Wikipedia – Online-Lexion: USP, Online-Quellen

Anhang

Erstellung der Erhebung

Das Tool eQuestionnaire™

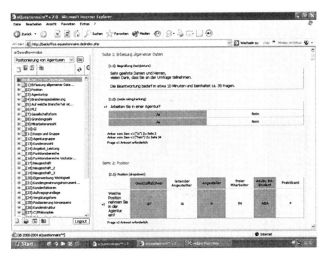

Quelle: Eigene Darstellung

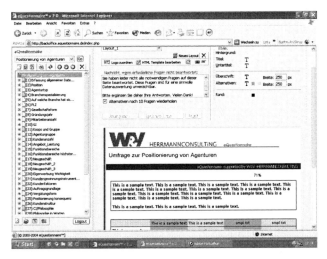

Quelle: Eigene Darstellung

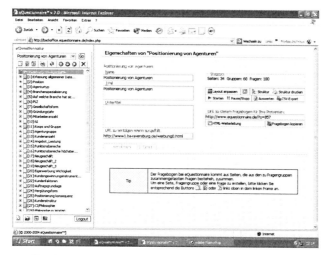

Quelle: Eigene Darstellung

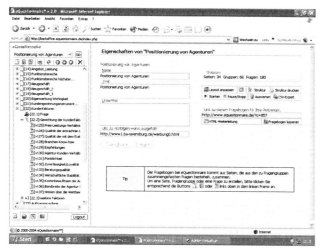

Quelle: Eigene Darstellung

Die Endfassung der Online-Erhebung

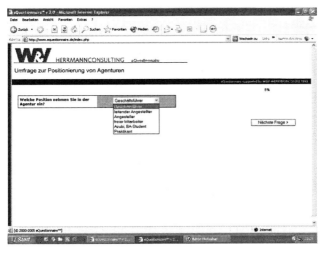

Quelle: Eigene Darstellung

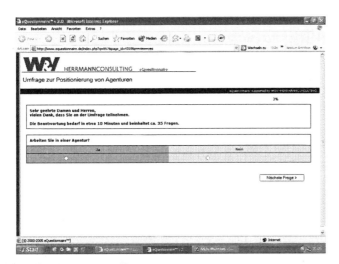

Quelle: Eigene Darstellung

Quelle: Eigene Darstellung

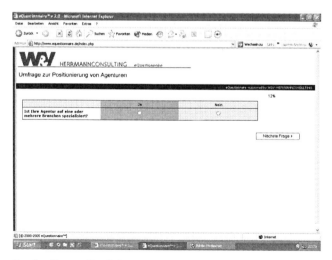

Quelle: Eigene Darstellung

Anhang 169

Quelle: Eigene Darstellung

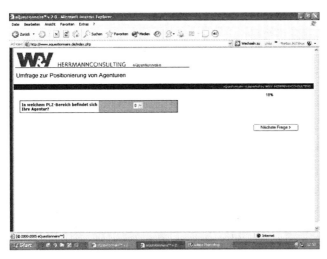

Quelle: Eigene Darstellung

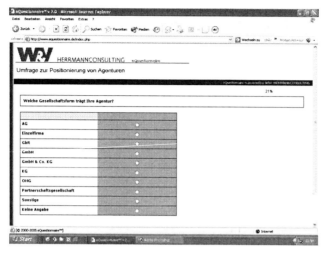

Quelle: Eigene Darstellung

Quelle: Eigene Darstellung

Anhang 171

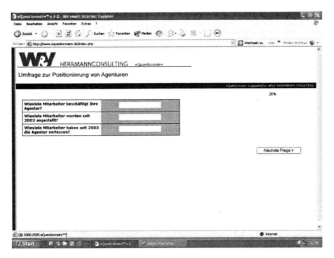

Quelle: Eigene Darstellung

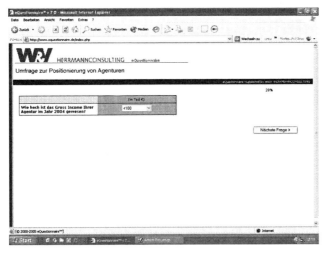

Quelle: Eigene Darstellung

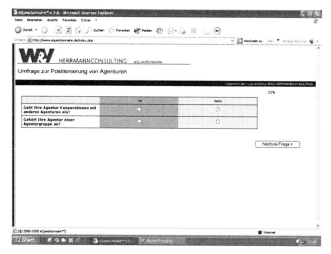

Quelle: Eigene Darstellung

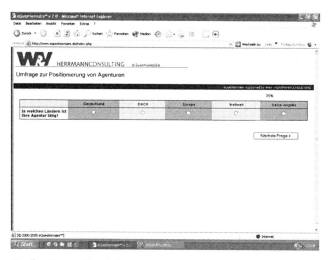

Quelle: Eigene Darstellung

Anhang 173

Quelle: Eigene Darstellung

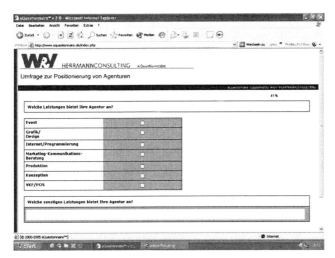

Quelle: Eigene Darstellung

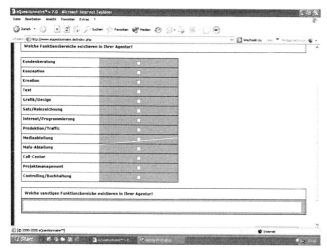

Quelle: Eigene Darstellung

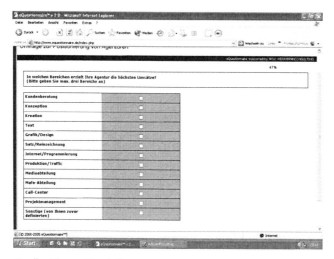

Quelle: Eigene Darstellung

Anhang 175

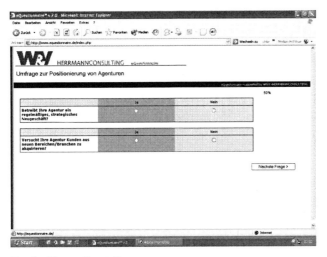

Quelle: Eigene Darstellung

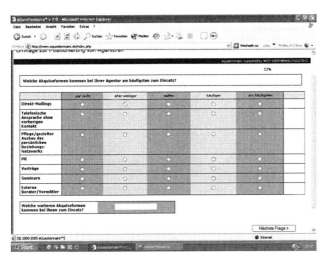

Quelle: Eigene Darstellung

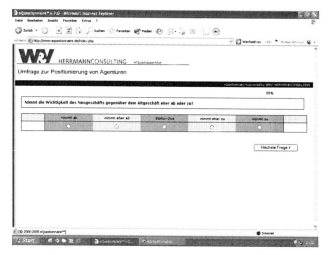

Quelle: Eigene Darstellung

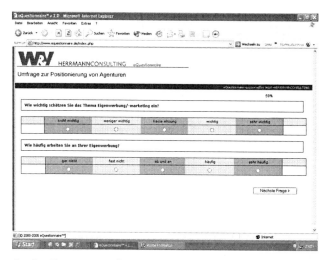

Quelle: Eigene Darstellung

Anhang 177

Quelle: Eigene Darstellung

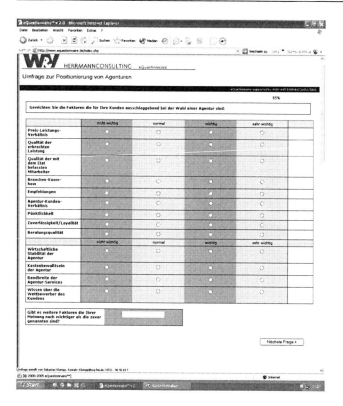

Quelle: Eigene Darstellung

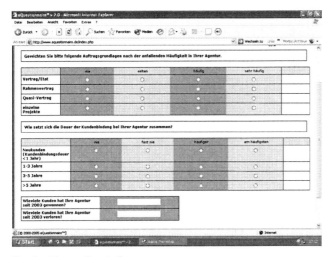

Quelle: Eigene Darstellung

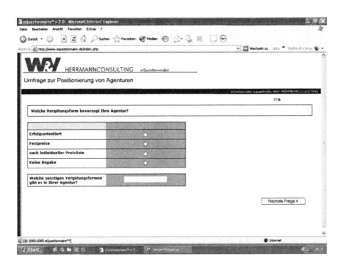

Quelle: Eigene Darstellung

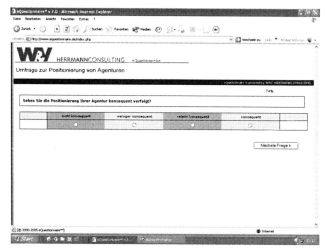

Quelle: Eigene Darstellung

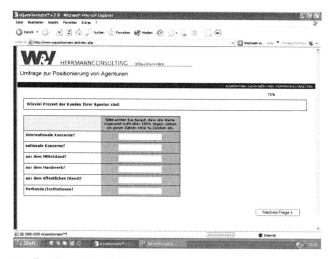

Quelle: Eigene Darstellung

Anhang

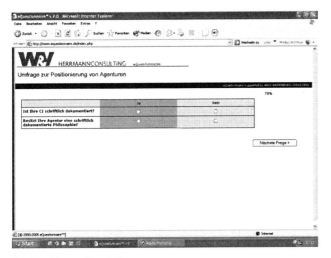

Quelle: Eigene Darstellung

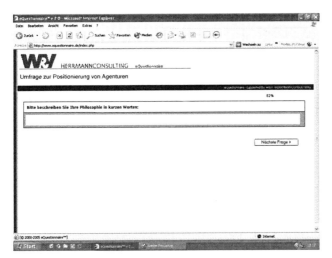

Quelle: Eigene Darstellung

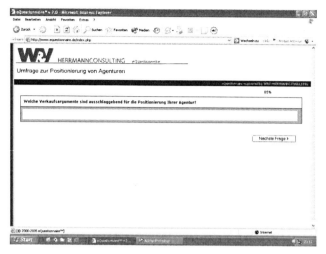

Quelle: Eigene Darstellung

Quelle: Eigene Darstellung

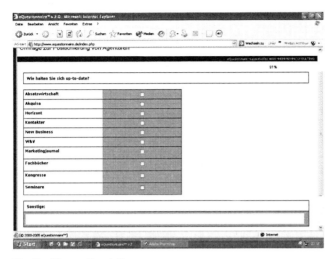

Quelle: Eigene Darstellung

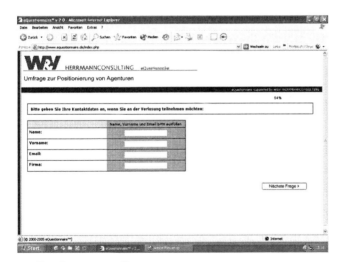

Quelle: Eigene Darstellung

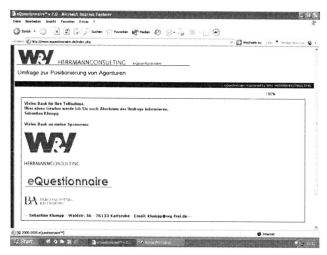

Quelle: Eigene Darstellung

Anhang 185

Veröffentlichung der Erhebung

Newsletter

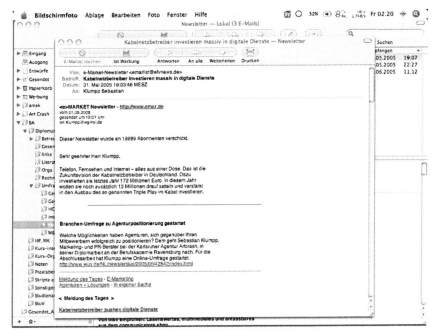

Quelle: Eigene Darstellung, <e>market-Newsletter

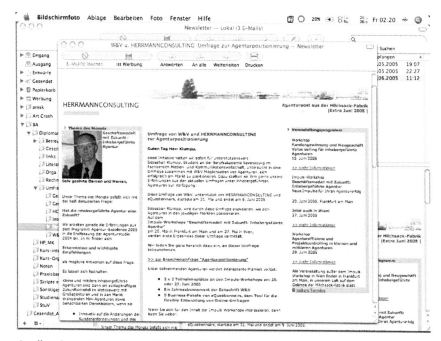

Quelle: Eigene Darstellung, HERRMANNCONSULTING-Newsletter

Anhang 187

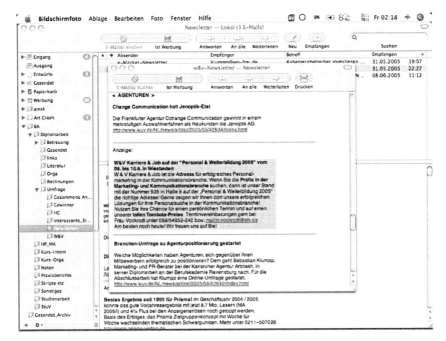

Quelle: Eigene Darstellung, w&v-Newsletter

Webseiten

Quelle: Eigene Darstellung, www.emar.de

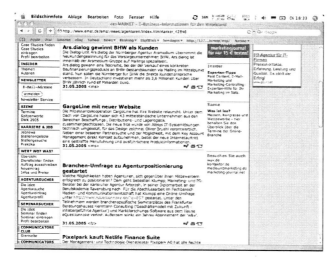

Quelle: Eigene Darstellung, www.emar.de

Anhang 189

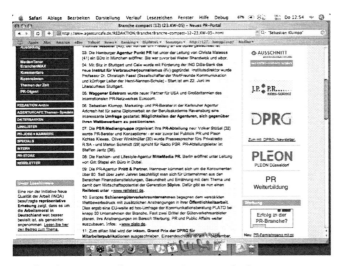

Quelle: Eigene Darstellung, www.Agenturcafe.de

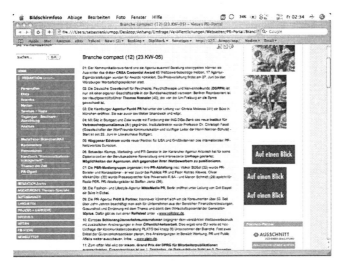

Quelle: Eigene Darstellung, www.neues-pr-portal.de

Anhang

Quelle: Eigene Darstellung, www.wuv.de

Quelle: Eigene Darstellung, www.wuv.de